Onolzbach oder Anspach

Hartmut Schötz · Ansbacher Album
Erster Band

Hartmut Schötz

Ansbacher Album

Erster Band

Verlag Wilfried Eppe · Bergatreute

Die Deutsche Bibliothek – CIP-Einheitsaufnahme

Ansbacher Album
Hartmut Schötz. –
Bergatreute: Eppe.

Bd. 1. - 4. Aufl. - 1993

NE: Schötz, Hartmut (Mitarb.)

ISBN 3-89089-103-9

Der auf dem Vorsatz abgebildete Stich ist in Ansbach nicht bekannt. Wo er sich befindet, ließ sich nicht feststellen. Der in den dreißiger Jahren verstorbene Ansbacher Fotograf Hemmer hielt die Abbildung auf einem Foto fest. Dieses Foto gestaltete er als Postkarte.
Der Stich zeigt eine Ansicht Ansbachs aus der Zeit um 1700. Die Blickrichtung ist vom Schloßberg auf die Stadt. Die Schriftschleife im oberen Bildteil scheint jünger als der Stich zu sein. Auch die Schreibweise „Anspach" ist erst im fortgeschrittenen 18. Jahrhundert üblich geworden. Es ist jedoch häufiger vorgekommen, daß ältere Darstellungen mit einer zeitgemäßen Beschriftung versehen worden sind.

4. Auflage 1993

© 1988 Verlag Wilfried Eppe, Bergatreute

Alle Rechte vorbehalten

Layout, Satz, Reproduktion und Druck:
Wilfried Eppe, Bergatreute

Buchbinderische Verarbeitung:
Großbuchbinderei Moser, Weingarten

ISBN 3-89089-103-9

Mein Dank

gilt all denen, die mir durch freundliche Hinweise auch über ihre verstorbenen Familienmitglieder und mündlich überliefertes Geschichtsgut geholfen haben, dieses Büchlein entstehen zu lassen.
In alphabetischer Reihenfolge sollen folgende Personen erwähnt werden, die sich um dieses Buch verdient gemacht haben.

Frau Sofie Dentler, Regierungsratswitwe
Frau Afra Eichhorn, Köchin i. R. (†)
Familie Fritz Eichhorn, ehemalige Zigarrenfabrik
Herr Leonhard Ganzer, Landwirt in Steinersdorf
Frau Johanna Kaufmann, Oberpostsekretärin a. D. (†)
Frau Antonie Koestler, Oberlehrerin i. R. (†)
Herr Martin Kronacker, Bundesbahnoberinspektor i. R. (†)
Frau Ilse Laucks, Fabrikantenwitwe (†)
Frau Kathinka Mayer, Oberveterinärratstochter
Frau Thilde Munck, Kaufmannswitwe
Herr Dr. Oskar Nieß, Verkehrsdirektor i. R. (†)
Frau Elsbeth Preißinger, Schneidermeisterin
Frau Therese Schwab, Landgerichtsdirektorstochter (†)
Frau Maria Wenk, Bürgermeisterswitwe (Schalkhausen)
Frau Grete Zinck, Oberlehrerin i. R. (†)

Meinen Eltern

Karl und Erna Schötz, geb. Eichhorn,

in Dankbarkeit gewidmet.

Inhaltsverzeichnis

Bahnhofsplatz 9

Schon lange gehört die „Tyroler Weinhalle“ von Albrecht Bender am Bahnhofsplatz Nummer 9 (ehemals Distrikt D, Nr. 291 c) der Ansbacher Vergangenheit an. Das Gebäude ist im Februar 1945 beim Luftangriff schwer beschädigt und später abgebrochen worden.

Im unteren Teil der Abbildung erkennen wir den 1875 errichteten Ansbacher Bahnhof. Mit seinen fünf Säulenbogen bewies er einen beachtlichen Sinn für Repräsentation. Auch dieses Gebäude sank am 23. Februar 1945 in Schutt und Asche.

Geleitwort des Bezirksheimatpflegers

Was bedeutet schon eine Ansichtskarte?

Die Schreiber solcher Karten wollen damit Grüße an ihren Freundes- und Bekanntenkreis weitergeben und im Bild veranschaulichen, wo sie sich gerade befinden. Solche Korrespondenzen sind eine reduzierte Form des Briefschreibens, das einst eine hohe Kultur hatte und mit den modernen Medien mehr und mehr verkommt.

Die Geschichte der Ansichtskarte ist zwar älter als die der Fotografie, geht aber über einen Zeitraum von kaum mehr als 100 Jahren nicht hinaus. Je rascher sich die Welt verändert – und die moderne Technisierung beschleunigt diese Veränderungen – um so mehr erhalten Relikte aus der Vergangenheit den Rang einer Geschichtsquelle.

Ansichtskarten sind heute nicht nur ein Ausdruck der sogenannten Nostalgie, sondern tatsächlich historisches Quellenmaterial. Die Veränderungen von Stadt- und Ortsbildern veranschaulichen den Wandel der heimatlichen Umgebung, sie geben Hinweise auf nicht mehr vorhandene Denkmäler verschiedenster Art und sind daher Quellen zur Stadt- und Ortsbaugeschichte. Sozial- und wirtschaftsgeschichtliche Hintergründe werden aus den früheren Gebäudenutzungen sichtbar. Darüber hinaus sind Ansichtskarten gelegentlich auch Zeugnisse künstlerischen Tuns.

Das Sammeln von Ansichtskarten dient also einem höheren Zweck als nur die Sammlerleidenschaft von Einzelnen zu befriedigen. Der Autor dieses Buches, Hartmut Schötz, ist ein leidenschaftlicher Sammler. Das Sammeln ist für ihn aber nicht Selbstzweck, sondern entspringt der Liebe zu seiner Heimatstadt Ansbach. Die Geschichte dieser Stadt anhand eines Kommentars zu den alten Stadtansichten, privaten Personen- und Gebäudefotos zu erschließen, ist das Anliegen dieses Buches. Es ist geeignet, historisches Verständnis und historisches Bewußtsein bei den Lesern zu wecken. Wer sich das Vergangene vergegenwärtigen kann, hat auch ein ganz anderes Verhältnis im pfleglichen Umgang mit den Zeugnissen der Geschichte. Dies ist ein wichtiges Anliegen der Heimatpflege.

Dr. Kurt Töpner
Bezirksheimatpfleger von Mittelfranken

Das Königliche Schloß – im Bild oben rechts – hat in seiner Geschichte manchen Umbau erlebt. Ursprünglich als Wasserschloß entstanden (1397–1409), wurde die Anlage in der Renaissance 1587–1601 nach dem Stil der Zeit umgewandelt. Seine heutige Gestalt erhielt das Schloß durch Gabriel de Gabrieli, dem Hofbaumeister des Markgrafen Wilhelm Friedrich. Gabrieli machte sich den für seine Pläne günstigen Umstand zunutze, daß ein Brand 1710 den Südteil des Schlosses vernichtet hatte.

Die heutige Hauptfassade wurde im Barockstil erbaut.
Die Nachfolger Gabrielis, Johann Wilhelm von Zocha, sein Bruder Karl Friedrich von Zocha und Leopoldo Retti, vollendeten den Um- und Neubau.
Auf Leopoldo Retti geht die noch heute bestehende Raumausgestaltung zurück, die als „Ansbacher Rokoko“ in der Kunstgeschichte ein Begriff geworden ist.

Einführung

Zu Markgrafenzeiten war Ansbach ein höfisches und auch ein kulturelles Zentrum. Im Jahrhundert der Bauleidenschaft entstand nach dem Schloßbrand ein prachtvolles neues Schloß, in dem wir heute noch die wertvollen Gobelins finden, die Ludwig XIV. dem fränkischen Souverän geschenkt hat. Nach dem letzten Krieg kam noch die wertvolle, angekaufte Sammlung Ansbacher Fayence und Porzellan des Ehrenbürgers Justizrat Dr. A. Bayer hinzu. Dies sind jedoch nur zwei Kostbarkeiten des Ansbacher Schlosses.
Architekten wie Gabrieli und Retti, die Ansbacher Schloßbaumeister, die Bildhauer Paul Amadé Biarelle, Conrad Meyer, der berühmte Ziseleur Houan, die Kabinettsmaler Fillisch, Hopfer und Sperling suchten die Markgrafenstadt auf und arbeiteten hier.
Im ansbachischen Familienbesitz ruhten Erbrechte in Schlesien, die der Chef des Hauses, Friedrich der Große, aufgriff. Dessen älteste Schwester Wilhelmine wurde die berühmte Markgräfin von Bayreuth, die Schwester Friederike Luise die unglückliche Gattin des wilden Markgrafen. Sie fristete ihre Tage im Schloß Unterschwaningen. Ihr Sohn Carl Alexander schenkte Ansbach seine letzte höfische Glanzzeit.
Das Theater wurde ein künstlerischer Mittelpunkt. Der letzte Markgraf Carl Alexander, dem das Ansbacher Gebiet eine ungeheuere Förderung rationeller Landwirtschaft verdankte, gab 1791 seine Hoheitsrechte über Ansbach und das hinzugefallene Bayreuth an die preußische Linie zurück.
Kurz nachdem Königin Luise und Friedrich Wilhelm III. Ansbach besuchten, zog Marschall Bernadotte ein und die Stadt wurde französisch. Napoleon übergab das Fürstentum dem Hause Wittelsbach.

Kaspar Hauser, August Graf von Platen und Johann Peter Uz wurden Markzeichen von Ansbach, Regierung, Gymnasium und das Regiment leichter Reiter die Wichtigkeiten. Die Einwohner mehrten sich nicht und die Besucherzahl ging zurück. Man fing an, vom langweiligen Ansbach zu reden, von „Anspac la Morte“. In den Reisebüchern verschwand Ansbachs Stern. Nur der „Gasthof zum Stern“ behielt den alten großen Ruf. Wir werden später noch ein wenig über seine Eigentümer erfahren. Da tauchte in den achtziger Jahren des vorigen Jahrhunderts ein Werk über die künstlerische Bedeutung des Ansbacher Schlosses auf. Eine Engländerin erinnerte sich an Kaspar Hauser und besichtigte seinen Sterbeort. In ihrem Buch „Genius Loci" widmete sie Ansbach das Wort, es erinnere an Fontainebleau. Diese Dame – Vernon Lee – und ihr ungeheurer Bekanntenkreis brachten vor dem Ersten Weltkrieg wieder europäische Reisende nach Ansbach.

Wir werden im Buch gedanklich durch schmale Ansbacher Gassen gehen, vorbei an Platens Geburtshaus. Es zeigt über der Haustür die Tulpe, mit der man ihn verglich. Von August Graf von Platen stammt das Tristanlied:

„Wer die Schönheit angeschaut mit Augen,
ist dem Tode schon anheimgegeben . . ."

Ansbach hat noch zwei andere Dichtersöhne: Den schon erwähnten Uz und Cronegk. Der letzte Markgraf hatte es in Rom von Papst Clemens erfahren, daß in seiner Stadt der berühmte Dichter Johann Peter Uz lebe. Der Papst kannte ihn aus einer italienischen Übersetzung. Der Markgraf erteilte Uz den ehrenvollen Auftrag, ein neues Gesangbuch für das Ansbach-Bayreuthische Land auszuarbeiten. Das Werk gelang Uz und sein Name war einst in aller Munde. Man hatte die Theodicee mit einer heute kaum mehr vorstellbaren Begeisterung aufgenommen. Henriette Feuerbach, die Stiefmutter des bekannten Malers Anselm Feuerbach, schreibt über ein „unübertreffliches Muster" der Lehrdichtung.
Neben Henriette Feuerbach, deren Gedenktafel noch genannt werden wird, will ich hier noch ein paar Namen nennen, die Bezug zu Ansbach hatten und bis heute haben: Neithardt von Gneisenau hat hier gedient, Lord Stanhope logierte im „Gasthof zum Stern", Ritter von Lang wohnte in der heutigen Bischof-Meiser-Straße und zuletzt in seinem Haus am Windmühlberg. Knebel, Goethes Urfreund, ist ein Ansbacher Kind, obwohl er in Wallerstein geboren worden ist. Bei seinen Weimarer Freunden hieß er stets „Der Ansbacher". Der Botaniker Leonhard Fuchs, nach dem die „Fuchsien" benannt sind, stand zu Ansbach in Beziehungen und ebenso Johann Gottfried Zinn, der eine Zeit als Arzt in Ansbach lebte.
Der 1221 erstmals als Stadt erwähnte Ort hat sich in neuerer Zeit selbst den Namen „Stadt des fränkischen Rokoko" gegeben.
Aber auch die nähere Umgebung der Stadt will ich im Buch mit ein paar Orten zeigen. Für sie war das Bezirksamt zuständig, bis Mitte der dreißiger Jahre die Umbenennung in Landratsamt erfolgt ist. Der Dienststellenleiter war bis dahin der Bezirksamtmann gewesen. 1946 wurde erstmals ein Landrat gewählt.
Lassen wir nun Alt-Ansbach und Umgebung mit einzelnen Personen an uns vorüberziehen.

Hartmut Schötz

Bei einer Feuerwehrübung in den zwanziger Jahren entstand diese Aufnahme beim Rathaus. Es war eine großangelegte Schauübung, was die zahlreichen Zuschauer im Hintergrund vor dem damaligen Lebensmittelgeschäft Scheuerlein beweisen.
Gegründet wurde die Freiwillige Feuerwehr Ansbach im April 1857 nach einem Versagen der vorher bestehenden Feuerlöschanstalten Ansbachs. Nach dem Ersten Weltkrieg, während dessen Verlauf ein ständiger Dienst eingerichtet war, hatte die Wehr mit der schwindenden Investitionskraft zu kämpfen. 1926 wurde durch Anregung von Oberbürgermeister Dr. Borkholder die Feuerwehrkapelle gegründet. Sie musizierte unter der Leitung von Kapellmeister Menz. Im Jahr darauf konnte die Magirus-Motorspritze als bedeutende Neuerung eingeweiht werden.

Uzstraße 12

Am 7. Juni 1930 entstand diese Aufnahme mit der Teilansicht des Anwesens Uzstraße 12. Zu dieser Zeit befand sich in dem kleinen Laden eine Filiale der fränkischen Molkereizentrale von Fritz Walther, später die Annahmestelle der ehemaligen Reinigungsanstalt Block, geführt von Lotte Block. Darüber und seitlich nach links befand sich die Gaststätte „Schwarzer Adler“. Hier trafen sich die Mitglieder des Ansbacher „Rauchclubs“. Dazu gehörten Staatsbank-Oberinspektor Simon Pfeiffer, sein Bruder Metzgermeister Wilhelm Pfeiffer, Buchbindermeister Albrecht Rosenberg, Früchtehausbesitzer Johann Fürhäußer, Landwarenhändler Josef Eichhorn, der Mitarbeiter der „Fränkischen Zeitung“ Gottfried Graf und viele andere.

Das „Habana-Haus“

Im Verlag A. Stempfle entstand vor 1909 diese Postkarte. Links im Bild das „Habana-Haus“. An der Ecke des Gebäudes war ein zigarrenrauchendes Eichhörnchen angebracht. Das Haus gehörte noch in den zwanziger Jahren den Inhabern der Zigarrenfabrik Franz Eichhorn & Söhne. Von ihnen erwarb es die Familie Glück. Im Erdgeschoß befand sich auch damals noch die Tabakwarenhandlung. Die Fassade war mit gemalten Tabakblättern verziert. Ganz rechts im Bild das Anwesen Uzstraße 22.

Der „Drei-Häuser-Block" am Johann-Sebastian-Bach-Platz

Unter der Leitung von Hofbaumeister Leopold Retti entstand dieser „Drei-Häuser-Block" am Unteren Markt, dem heutigen Johann-Sebastian-Bach-Platz. Links im Bild Haus Nummer 18, das Eckhaus zur Kronengasse, war Wohn- und Geschäftshaus des bis 1572 amtierenden Bürgermeisters und Seilermeisters Pflaum. Das mittlere, den Block überragende Haus Nummer 16 (Denzlinger), war bis 1788 die Gastwirtschaft „Zum Stern". Das Doppelhaus Johann-Sebastian-Bach-Platz 12/14 war einst zum Teil Hofbäckerhaus.

Das Haus „Stössel"

Die Geschichte des Hauses am Martin-Luther-Platz 6, bei den Ansbachern „Stösselhaus" genannt, ist so reich und wechselseitig wie die der Stadt Ansbach. Einst war hier eines der besten Ansbacher Hotels, der Gasthof „Zur Goldenen Sonne". Erst später wurde aus der „Sonne" das Hotel „Brandenburger Hof", Besitzer war der Wirt Höfer. In seinem Haus brach 1719 ein verheerender Brand aus. In kurzer Zeit war der gesamte Häuserblock zwischen Markt und Pfarrgasse, meist Fachwerkgiebelhäuser, eingeäschert. Bereits 1722 erstrahlte die Nordseite des Oberen Marktes wieder in neuem Glanz. Mittelpunkt wurde, an der Stelle der „Sonne", das Stadtpalais des Oberst von Pöllnitz. Architekt des gesamten Häuserblocks war Karl Friedrich von Zocha, der jüngere der Brüder Zocha. Das barocke Haus „Stössel" trägt jedoch unverkennbar die Handschrift von Gabriel de Gabrieli, der auch die Hauptfront des Schlosses erbaut hat. Die Familie Stössel erwarb das Gebäude im Jahr 1919 von der Universität München.

Ansbacher Jahrhundert-Hochwasser am 29. Juli 1941

Die Aufnahme auf Seite 16 entstand beim letzten großen Hochwasser in Ansbach am 29. Juli 1941. Links im Bild erkennen wir eines der drei Häuser von Hofbaumeister Retti an den spitzen Ecken: Neustadt 52. Die beiden anderen sind Haus „Ceslanski" in der Maximilianstraße 26 und Karolinenstraße 2. Im Erdgeschoß des Eckhauses Neustadt/Schloßtor befand sich die Lederwarenhandlung Schwarz, später Winter. Leider stören die sprossenlosen Fenster heute das Gesamtbild ebenso wie am ehemaligen „Cigarren-Haus Beisbart", das 1941 noch Sprossenfenster hatte.

Das Altstadtmotiv auf dem rechten Bild war ein Stückchen Neustadt und umfaßte die Häuser mit den Nummern 50, 52 und 54. Diese Gebäude wurden 1973 abgebrochen. Wo um 1910, als diese Aufnahme entstand, Hans Trautner seine Geigen baute und auch noch Musikunterricht erteilte, steht heute ein Bankgebäude. Hans Trautner ließ sich später in der Bandelstraße ein neues Haus erbauen. Den Geigenbau übernahm 1946 sein Sohn Robert, der dieser Kunst bis zu seinem Tode im März 1976 treu blieb.
In der Bildmitte ist ein Stückchen des Restaurants von Karl Adler sichtbar. Nach dem Ersten Weltkrieg ist das Lokal geschlossen worden. Rechts im Bild erkennt man das Bächnersche Haus. Es beherbergte eine Werkstatt für Schlosserei, Herdfabrikation, Nähmaschinen und Fahrräder. Angegliedert war ein Verkaufsraum. Bächners Nachfolger war Wilhelm Krauß.

Ein untergegangenes Stück Alt-Ansbach

Haus „Hut-Grüner"

Durch die „Photo-Anstalt" J. Huber in München entstand noch vor 1913 die Aufnahme auf Seite 19 mit mehreren Anwesen in der Uzstraße. In der Bildmitte ist das Anwesen Uzstraße 5 zu erkennen. Das Hutgeschäft Johann Grüner bestand hier von 1874–1979.

Am linken Fenster des ersten Obergeschosses sind auf dem Bild die Tochter und Enkelin Luise des Firmengründers zu sehen. Noch bis in die fünfziger Jahre zierten das Haus der schmiedeeiserne Ausleger mit dem Zylinder und ein Balkonvorbau am zweiten Stockwerk.

Links davon, Uzstraße 3, beherbergte im Erdgeschoß die Tapeten- und Fußbodenbelaghandlung von Rosa Goßmann und Maria Beck.

Das Gebäude Neustadt 43 hatte noch im vorigen Jahrhundert die Bezeichnung A 283. Zu dieser Zeit befand sich hier die Messerschmiede Härpfer. Als um 1915 diese Aufnahme entstand, betrieb Sophonias Rüffelmacher eine Messerschmiede und Schleiferei mit Motorbetrieb. Ihm gehörte auch das Haus, nach seinem Tode übernahm es seine Witwe Luise. Sie vermietete den Laden ab 1915 an Drechslermeister Nikolaus Hübner, der das Haus später von ihren Erben erwarb.
Im Hintergrund ist noch das Anwesen Neustadt 41, die Bäckerei Weiß (heute Backhaus Waidlein), zu erkennen.

Ein Wagen der „Fränkischen Molkerei-Zentrale Ansbach" von Fritz Walther

Das „Walthershaus"

Der von 1694–1717 in Ansbach tätige Hofbaumeister Gabriel de Gabrieli ist an diesem Gebäude auf der Nordseite der Neustadt zu erkennen. Zum Anfang des 18. Jahrhunderts besaß der Hofadel das Gebäude, 1703 die Familie von Crailsheim, 1729 die Familie Seefried. Die prächtige Hausfassade – ähnlich wie Neustadt 23 (Handschuh-Sperck) zieren vierachsige Pilaster. Die außergewöhnlichen Stockwerkshöhen, selbst noch im Dachgeschoß mit Dachgesims und großem Mansarddach, erscheinen palastartig. Die Aufnahme entstand um 1920. Am rechten Fenster des ersten Stockes ist Molkereibesitzer Walther, links davon seine Frau, zu erkennen.

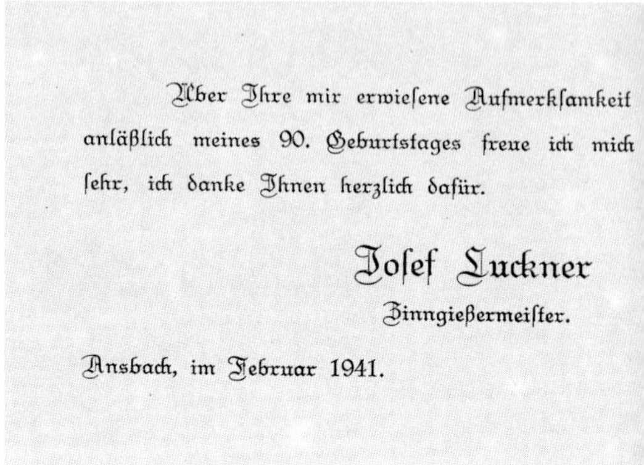
Über Ihre mir erwiesene Aufmerksamkeit anläßlich meines 90. Geburtstages freue ich mich sehr, ich danke Ihnen herzlich dafür.

Josef Luckner
Zinngießermeister.

Ansbach, im Februar 1941.

Danksagung anläßlich des 90. Geburtstages von Josef Luckner.

Neustadt 41

Vor der Familie Waidlein betrieb Johann Christian Weiß, der Vater des inzwischen verstorbenen Studienprofessors am Platen-Gymnasium, Dr. Karl Weiß, in diesem Gebäude eine Bäckerei. Christian Weiß hatte das Anwesen am 11. März 1907 für 23 800.– Mark von dem Bäckermeister Jakob Kistner und seiner Ehefrau Katharina, geborene Naser, erworben. Die Familie Kistner wiederum hatte das Gebäude am 10. Mai 1873 zum Preis von 5 500 Gulden von Louise Schmetzer gekauft. Somit steht fest, daß sich in diesem Haus seit mindestens 100 Jahren eine Bäckerei befindet. Schmetzer hatte das Haus – damals noch als Nr. 284 bezeichnet – nur kurz zuvor, am 13. Dezember 1871 um 3 800 Gulden von der Tuchscherermeisterswitwe Sophie Maria Kublan übernommen. Diese hatte das Anwesen von ihrem Gatten, Georg Friedrich Kublan, nach seinem Tod im April 1851, geerbt. Vorbesitzer waren bis zum 4. Juni 1835 die Erben des Knopfmachers Braun.

Zu den alteingesessenen Läden der Neustadt gehört auch die Firma Schinnerer. Zuerst war es jedoch eine der damals üblichen „Colonialwarenhandlungen“, deren Besitzer Pfänder hieß. Die Familie Pfänder hatte eine Tochter, die in Ansbach als Lehrerin tätig war. Wir sehen das Haus Pfänder links im Bild (heute Neubau Schinnerer). Vor einigen Jahren wurde das Gebäude neu erbaut, da sich nach dem Bau eines neuen Kamins schwere Schäden am Haus zeigten. Johann Schinnerer blies gut Trompete, was er noch in späteren Jahren bei Geschäftsjubiläen anderer Kaufleute in der Neustadt bewies. Er starb am 5. Juni 1961.

Weitere ältere Geschäftshäuser sind die beiden Eckgebäude zur Schwanengasse. Links die alte Zinngießerei von Joseph Luckner, der noch neunzigjährig Zinnteller gravierte (heute Zinn-Göschel), rechts das Haus „Lotter“. Hier befand sich einst die Firma Diemer. Sie verkaufte Kochtöpfe, Gießkannen, Petroleumlampen, Wasserschläuche und dergleichen. Kaufte man um die Jahrhundertwende – und noch später – einen Liter Petroleum, in der mitgebrachten Kanne, so gab es als Dreingabe stets ein paar Dörrpflaumen.

Die Familie Weiß

Max Weiß (ganz rechts) mit seiner Mutter (zweite von links im Sessel), seiner Tante, Geschwistern, seinem Schwager Schienagel (Bildmitte, kniend) und seinen Neffen.

Haus „Neustadt 12“

Grundlegend hat das Haus „Neustadt 12“, es beherbergte bis 1969 das Tapezier- und Polstermöbelgeschäft Weiß, seine Fassade verändert. Die hier gezeigte Aufnahme mit der Tapeziermeisterswitwe Sophie Weiß auf der Haustreppe entstand um 1930. Nach dem Verkauf des Anwesens im Jahre 1969 verlegte der neue Besitzer den Hauseingang auf die Rückseite und ließ den Ladenraum tiefer legen. Dazu mußte auch der Hauskeller tiefer gelegt werden. Leider wurden im ganzen Haus neue sprossenlose Fenster

eingesetzt, die nicht zum Stil des Gebäudes passen. Das „Weißens-Haus“ war übrigens auch das Elternhaus einer der profiliertesten Persönlichkeiten des Ansbacher Kulturlebens: Max Weiß (1901–1969). Er war nicht nur Oberinspektor bei den Ansbacher Stadtwerken, sondern auch Gründer und begabter Manager der „Ansbacher Meisterkonzerte“. Durch sein organisatorisches Können brachte er die berühmtesten Künstler der Welt in die Markgrafenstadt – zum Beispiel Benjamino Gigli.

Im Laden des Hauses Neustadt 12 befindet sich heute ein Optikerfachgeschäft.
Ende der zwanziger Jahre entstand dieses Foto in der Neustadt. Rechts neben dem Tapeziergeschäft der Firma Weiß, Neustadt 12, ist das Gebäude der ehemaligen Metzgerei Ballenberger zu sehen. Einige Zeit waren im Erdgeschoß zwei Läden, die Gemüsehandlung Heidenreiter, im ehemaligen Verkaufsraum der Metzgerei Ballenberger und rechts die Strickerei Voigt. Im Nachfolgebau befand sich später viele Jahre die Gemüsehandlung Förster.

Auf dem Bild der Seite 27 sehen wir die seitliche Ansicht des Hauses Neustadt 8 und dahinter das Gebäude mit der Nummer 10. Dieses Hinterhaus gehörte ursprünglich zur Metzgerei Horndasch. Im Erdgeschoß war ein kleiner Stall für das Zugpferd des Metzgerladens, das, vor einen Karren gespannt, Fleisch transportieren mußte. Um 1930 erwarb Richard Staab das Häuschen, um hier mit seiner Familie zu leben. Im Erdgeschoß waren damals schon zwei Autogaragen eingerichtet gewesen. Einige Zeit nach dem Tode seiner Frau heiratete Staab die Witwe von Metzger Ballenberger (Neustadt 8), so daß diese Häuser in den Besitz seiner Familie kamen. Zusammen wurde der Komplex einige Jahre später von der Familie Förster erworben.
Im Herbst 1938 wurden Vorder- und Hinterhaus abgebrochen. Die beiden Altbauten hatten keine Keller. Bis zu vier Meter tief gruben Arbeiter einer Ansbacher Baufirma nun das Erdreich für den Keller aus. Ungefähr eineinhalb Meter unter dem heutigen Straßenniveau der Neustadt stießen die Bauarbeiter auf einen sehr alten Brunnenschacht. Hier war das mittelalterliche Straßenniveau erreicht, der gemauerte Schacht senkte sich jedoch noch zweieinhalb Meter in die Tiefe. Aus dem Brunnen förderten sie beim Ausschaufeln der Erde Töpfe, Topfscherben und Gläser zu Tage. Fachleute wie der Archäologe Dr. Carl Gumpert, Professor Dr. Beer und Architekt Wilhelm Baumann stellten fest, daß es sich hier um einen einmaligen mittelalterlichen Brunnenfund handelte. Über 30 Tontöpfe mit und ohne Deckel wurden gefunden, die sich heute im Ansbacher Museum befinden.
Bei einer mittelalterlichen Brandkatastrophe im November 1449 war vermutlich auch der größte Teil der Neustadt ein Opfer der Flammen geworden. Diese Straße lag damals außerhalb der Stadtmauer. Um 1470 ließ Markgraf Albrecht Achilles eine weiter vorgeschobene Stadtmauer errichten. Das auf dem Bauschutt erbaute Haus in der Neustadt rückte somit in den Bereich zwischen der alten und der neuen Stadtmauer. Der gemauerte Brunnen befand sich etliche Meter von dem abgebrannten Haus entfernt. Durch

Ein Junge auf einem sogenannten „Holländer“. Die Fortbewegung erfolgte durch das Vor- und Zurückziehen der Deichsel; gelenkt wurde mit den Füßen.
Diese auch von der Ansbacher Firma Schmetzer hergestellten Gefährte wurden später von den „Dreirädern“ abgelöst.
Im Hintergrund ist die Muncksche Hofeinfahrt zu erkennen.

Pfahlreste stellte Architekt Baumann fest, daß es sich hier um ein Brunnenhäuschen mit Überdachung gehandelt hatte.
Der Brunnen war im Verlauf der Jahre aufgelassen und die Anlage später als Vorratskammer genutzt worden. Mit einer Leiter konnte man ohne Anstrengung in die zweieinhalb Meter tiefe Kammer gelangen. Bei dem Großbrand 1449 wurde der Raum jedoch von Bauschutt überlagert und geriet in Vergessenheit.

„Brandenburger Haus“

Dieses Foto zeigt das 1702 erbaute „Brandenburger Haus“, Neustadt 4, im Jahre 1913. Hier war bis 1806 die Taxische Post und bis 1821 die Kgl. Bayerische Post untergebracht. Rechts vom Mittelportal des Hauses befand sich der Verkaufsraum des Königlichen Hofbuchhändlers Max Eichinger. Links vom Portal die Gemüse-, Obst-, Südfrüchte- und Weinhandlung von Wilhelm Mayer.
Rechts im Bild ist das kleine Gebäude mit dem Laden des Drechslermeisters Lustig zu erkennen.

Die Uzstraße

Bis zu ihrer Verfolgung in den dreißiger Jahren dieses Jahrhunderts betrieben neben anderen Geschäftsleuten auffallend viele jüdische Mitbürger ihre Geschäfte in der Uzstraße. Im Anwesen ganz rechts, heute Nürat, hatte Regina Weiß ihr „Herren- und Knabenbekleidungshaus zum Matrosen". Gegenüber, im Hause Nummer 28, befanden sich im Erdgeschoß zwei Geschäfte: der Goldschmied Rupp und der Schuhhändler Krebs. Das zweite Gebäude von rechts beherbergte das Schuhwarenhaus von Moses Lebrecht. Nach dessen Tod wurde es von Max Liebermann weitergeführt.
In der Bildmitte das Anwesen Uzstraße 18 (heute Möbel-Estner). Dort betrieb Leopold Wittkowsky eine Kurz- und Wollwarenhandlung. Daneben gab es hier auch Kleiderstoffe, Vorhänge und Spielsachen. Die hier gezeigte Aufnahme entstand noch vor dem Ersten Weltkrieg.

Büttenstraße 40 und die edle Schlosserkunst

Der Weg führt uns weiter zum Anwesen Büttenstraße 40. Vor den Schlossermeistern Rudolf Springer und seinem Vater Edmund betrieb Wilhelm Hawranke hier seine Schlosserei. Nach dem Tod von Hawranke erwarb die Familie Springer das Gebäude zu Beginn der zwanziger Jahre. 1926 entstand diese Aufnahme. An der Haustüre steht Schlossermeister Edmund Springer und am Fenster der ersten Etage sind seine Ehefrau und Sohn Rudolf zu erkennen. Im Jahre 1928 wurde das Fachwerk des Hauses freigelegt.

1962 ließ Rudolf Springer den alten Schlosserspruch über der Haustüre anbringen:

„Wenn an jedes böse Maul angelegt ein Schloß müßt werden, so wär' die edle Schlosserkunst die beste Kunst auf Erden."

Das Schlosserhandwerk wird in diesem Gebäude schon seit 1777 betrieben. Wie Professor Hermann Dallhammer feststellte, war das Gebäude im 17. Jahrhundert Ansbacher Salzstadel.

Von der Blechwarenhandlung zur „Sportgrotte“

Um 1913 entstand diese Aufnahme des Anwesens Platenstraße 24. Als Nachfolger der Witwe J. G. Denningers führte der Kaufmann Christian Horn hier eine Blech- und Porzellanwarenhandlung. Der Hauseingang befand sich damals noch an der Mitte der Freitreppe, heute dagegen links der Treppe. In der ersten Etage betrieb die Schneidermeisterin Babette Wackersreuther, später zusammen mit ihrer Schwester Kunigunde, von 1913 bis etwa 1925 eine Schneiderwerkstätte. In den zwanziger Jahren führte der Schuhmacher Andreas Windfelder im Erdgeschoß eine mechanische Schnellsohlerei. Seine Witwe verkaufte das Haus später an den Süßwarengroßhändler Hans Wäger sen. Rechts im Bild erkennt man noch einen Teil der inzwischen abgebrochenen Wirtschaft „Zur Ente“. Der Wirt hieß um 1910 Georg Hafenrichter.

Das Alumneum in Ansbach

Wir befinden uns hier im alten Physiksaal des Gymnasiums Carolinum, in dessen Gebäuden lange Zeit auch das Alumneum untergebracht war. Dies wurde 1552 unter der vormundschaftlichen Regierung für den Markgrafen Georg Friedrich als „Contubernium pauperum" gegründet. Der Stiftungszweck war, aus den armen Jungen und Stipendiaten künftige „christliche und taugliche Schul- und Kirchendiener" heranzubilden. Der Fürst und die Bürger gaben reiche Geschenke und Stiftungen an das Alumneum.
Als im Jahre 1736 die Fürstenschule in Heilsbronn aufgelöst wurde, wendete der Markgraf die Einkünfte Heilsbronns dem Contubernium zu. Auch die dortigen Alumnen siedelten nach Ansbach über. So war das Alumneum wirtschaftlich mit der Stadt Ansbach und dem mittelfränkischen Raum, geistig aber mit der Lateinschule und dem daraus erwachsenden Gymnasium aufs engste verknüpft. Gegen Ende des 18. Jahrhunderts stellten sich vielerlei Mißstände im Alumneum ein. In der preußischen Zeit versuchte man, dieser durch Reformen Herr zu werden.

Als Ansbach 1806 bayerisch wurde, hob der damalige Regierungsdirektor gegen den Willen der Regierung das Alumneum im September 1807 auf. König Ludwig verfügte zwar 1827 die Wiederherstellung, aber wegen mancherlei Widerstände wurde das Alumneum erst im Jahre 1841 neu eröffnet. Seit dieser Zeit hat es mit kurzen Unterbrechungen nach dem Ersten und Zweiten Weltkrieg seinem Stiftungszweck treu gedient und viele bedeutende Männer der Kirche und des Staates gingen aus den Reihen der Alumnen hervor.
In den dreißiger Jahren unseres Jahrhunderts hatte das Alumneum so viele Schüler, daß diese teilweise in Privatunterkünften in der näheren Umgebung des Contuberniums untergebracht werden mußten.
1939 wurde das protestantische Alumneum in ein „staatlich verwaltetes Schülerheim" umgewandelt und ihm sein konfessioneller Charakter genommen. Erst nach 1945 wurde dieser wiederhergestellt. In den sechziger Jahren bezog das Alumneum den Neubau in der Hospitalstraße 34.

Im Bild ist einer der Klassenzimmeröfen des Hauses zu erkennen.

Büttenstraße 13

Aus dem 16. Jahrhundert stammt das Anwesen Büttenstraße 13. Es gehörte mit zum Komplex des markgräflichen Büttenhauses zur Lagerung der Weine für den Hof. Der Büttenkomplex umfaßte nicht weniger als fünf Gebäude: das Anwesen Nr. 13, das gegenüberliegende Haus Büttenstraße 20, zwei oberhalb dieser beiden Häuser befindliche Lagerhäuser und ein Lagerhaus in der Rosenstraße. Durch das Büttenhaus soll die Büttenstraße überbaut gewesen sein. Die hier gezeigte Aufnahme entstand um das Jahr 1920.

Büttenstraße 14

Um 1910 entstand diese Aufnahme des Anwesens Büttenstraße 14. Besitzer war damals Kupferschmiedemeister Eduard Eder, der im hinteren Nebentrakt seine Werkstatt hatte. Ganz links im Bild ist noch teilweise das kleine Schaufenster mit Kupfergeschirr sichtbar. Die Familie Eder bewohnte die zweite Etage des aus dem Ende des 16. Jahrhunderts stammenden Hauses, an dessen Fenstern des zweiten Obergeschosses bis zu Beginn des Jahrhunderts Fensterläden angebracht waren. Die Kupferschmiedewerkstatt führte danach Herr Andler weiter. Später war in diesen Räumen die Firma Degel.

Die Gaststätte „Löwengrube“ in der Büttenstraße 18

Das wertvollste Haus in der ganzen Büttenstraße ist die Gaststätte „Löwengrube“ mit ihrer Renaissancefassade. In der „Löwengrube“ wohnte einst der Metzgermeister Hämmerlein, der als erster Ansbacher Bratwürste nach München schickte, damit sie den dortigen Bürgern auch so gut schmecken sollten wie den hiesigen. Im ersten Stock des Hauses Büttenstraße 18 ist sogar noch ein Originalzimmer aus dem 16. Jahrhundert zu finden.

Büttenstraße 5

Das Anwesen Büttenstraße 5 gehörte noch zu Beginn des Jahrhunderts dem Schuhmacher Johann Rieder. Dieser verkaufte sein Anwesen an Schuhmachermeister Hans Hochreuter, der nebenbei noch Leichenträger im Friedhof bei Heilig-Kreuz war. Die Büttenstraße war noch im vorigen Jahrhundert eine vornehme Straße. Die hier gezeigte Aufnahme entstand um 1930.

Portale

Wir betrachten nun das Portal des Anwesens Schwanenstraße 5, das durch Andreas Böckler am Ende des 17. Jahrhunderts erbaut worden ist. Bauherr war der Markgräfliche Küchenschreiber Heinrich Hohbach. Dieser verkaufte das Gebäude im Jahre 1700. Im Portal erkennt man die Absicht, den Eintritt zum Haus freudig zu gestalten. Der heiter blickende Frauenkopf am Torbogen und die gefällige Frauenbüste im geöffneten Torgiebel beweisen gute Maßverhältnisse.

Das Portal des einst herrschaftlichen Hauses Neustadt 48 zierte bis zur Renovierung 1986 ein pompöser Imperatorenkopf. Das Haus gehörte dem Kammerrat Braun, später dem Obervogt Krafft von Crailsheim und zeitweise den Herren von Eyb. Den älteren Ansbachern ist das Haus wohl noch als das Anwesen Blaha bekannt. Dr. Blaha hatte in dem zum Komplex gehörenden Pavillon an der Promenade seine Anwaltskanzlei. Im Jahre 1921 ließ man an die Wohnhausrückseite den großen Balkon anbauen. Zu Beginn der fünfziger Jahre verkauften die Erben von Dr. Blaha das Anwesen an Dr. Thierauch und dessen Bruder.

Kammerrat Albrecht Jung gab Hofbaumeister Böckler 1696 den Auftrag für dieses Portal am Anwesen Platenstraße 17. Über der Frauenkopf-Volutenkonsole befindet sich die Gedenktafel für einen in diesem Hause geborenen Sohn Ansbachs: August Graf von Platen-Hallermünde. Darüber das Jungsche Wappentier – ein aufsteigender Adler. Als die Aufnahme gegen Ende des vorigen Jahrhunderts entstand, war im Erdgeschoß noch kein Laden eingebaut. Hinter den Fenstern betrieb Fr. Neidhardt noch die Gastwirtschaft „Zur Sonne“.

Um 1700 errichtete Hofbaumeister Gabrieli das Gebäude Platenstraße 18. Mit Rücksicht auf das abfallende Baugelände baute er das Erdgeschoß ebenso betont und kräftig wie das Obergeschoß. Wir sehen hier einen Teil der Ostfassade. Unter der Portraitbüste befand sich ursprünglich der Hauseingang des Jagstheimschen Hauses. Durch den Abbruch des linken Nachbarhauses Nr. 20 (Gasthaus „Zur Ente“) im Jahre 1977 bietet sich heute die Südfassade der Platenstraße 18 dem Betrachter an. Davor stehen die Kaspar-Hauser-Figuren.

Das Portal des Bäckerhauses

In den Tagen des 22./23. Februar 1945 ist auch das Anwesen Jägergasse 18 (heute Bischof-Meiser-Straße) mit dem hier abgebildeten Portal zerstört worden. Als Bauführer wird der Markgräfliche Hofbaumeister Johann Wilhelm von Zocha genannt. Das hübsche Portal des Bäckerhauses war mit einer von zwei Löwen gehaltenen Brezel verziert. Die Inschrift lautete: *„Was der Höchste hat verheißen,*
kann kein Löwe mir zerreißen,
denn mein Haus- und Christenstand
stehen unter Gottes Hand."

1719

Kronenstraße 12

Das Anwesen Kronenstraße 12 ist uns noch gut als die Bäckerei Hassold bekannt. Der Ladeneinbau erfolgte vermutlich in der zweiten Hälfte des 19. Jahrhunderts und wurde bei der großen Renovierung 1986/87 wieder beseitigt. Auch wurden neuerdings wieder stilechte Sprossenfenster eingesetzt. Man betritt das Haus über die Freitreppe durch das Rundbogenportal mit dem geohrten Gewände und gerader Verdachung über Konsolen mit Tropfen.

Die Karlstraße um die Jahrhundertwende

Ein Stück Alt-Ansbach zeigt uns diese Häuserzeile in der Karlstraße. Ganz links erkennt man noch einen Teil des Hauses Nummer 5 mit der Konditorei und Spezereihandlung von Friedrich Bonhag. In den zwanziger Jahren führte Julius Schmuck die Konditorei weiter. Bekannt waren in Ansbach seine hausgemachten Lebkuchen. Seine Nachfolge trat der Konditor Kurt Gegner an. Nach dessen Tod erwarb Hans Hofmann das Café und die Konditorei. Heute befindet sich in diesen Räumen das Fotoatelier Bätz. Rechts daneben waren im Voigtschen Haus Nr. B 394 (jetzt Karlstraße 7) vom 29. Oktober 1839 bis 13. November 1858 die Posträume des Königlichen Postamtes untergebracht.
Nummer 9 stand kurz nach der Jahrhundertwende – der Entstehungszeit dieser Aufnahme – im Besitz des Forstrates Ernst Schnizlein. Danach gehörte es jahrzehntelang der Fotografenfamilie Willi Lübeck. Hier waren in den zwanziger Jahren auch die Farbenhandlung Deffner & Co. sowie das Kaffeelager von Thams und Garfs. Die Nummern 11 und 13 hatten schon zur Jahrhundertwende im Kaufmann Johann Falk den gleichen Eigentümer. Ludwig Alban betrieb damáls in Nummer 11 ein Kurz- und Wollwarengeschäft.

Der erste Standort des Luitpoldbrunnens

Im Rahmen der Festlichkeiten zur Jahrhundertfeier der Einverleibung des Fürstentums Ansbach in das seinerzeitige Königreich Bayern (20. Mai 1806) erfolgte am 10. Juni 1906 die feierliche Grundsteinlegung des Luitpold-Kunstbrunnens, dessen Ausführung dem Bildhauer Professor Fritz Behn in München übertragen wurde. Von dem Gesamtaufwand von 42 500 Mark wurden 20 000 Mark durch freiwillige Beiträge aus Ansbach aufgebracht und 22 500 Mark aus dem staatlichen Kunstfonds zur Verfügung gestellt. Dieser Monumentalbrunnen – in der Plastik einen germanischen Reiter darstellend, der einen unter dem Pferd liegenden Bären abfängt – fand 1908 vor dem Präsidialgebäude Aufstellung, erhielt jedoch in den dreißiger Jahren seinen Standort auf dem Bahnhofsplatz. Bei den Luftangriffen im Februar 1945 wurde der Luitpoldbrunnen schwer beschädigt und später abgetragen.
Die hier gezeigte Aufnahme entstand 1908 nach der Fertigstellung des Brunnens. Das Präsidialgebäude zeigte sich dazu im Festschmuck.

Die Städtische Turnhalle – Ein Bau aus der Gründerzeit

Im Jahre 1882 ist die Turnhalle bei der Karolinenschule erbaut worden. 1985 begann man, zuerst bei der Nordseite zur Promenade, mit der grundlegenden Renovierung des denkmalgeschützten Gebäudes. Die Sandsteinsäulen und das Schmuckband mußten neu ausgeformt werden, die Platzgliederung wurde ausgebessert. Vor der 1987 erfolgten Renovierung der Südseite sah man dort noch Spuren von den Bombenangriffen im Februar 1945. Leider sind zwei der drei zum Baustil gehörenden Eingangstüren nach dem Zweiten Weltkrieg gegen einfache Türen, in die man Verbundglas einsetzte, ausgetauscht worden. Die schon lange ausgetauschten Fenster passen sich dem Baustil weitgehend an. Seit der Renovierung erstrahlt die Turnhalle im alten Glanz. Die hier gezeigte Aufnahme entstand vor dem Ersten Weltkrieg.

Das Kriegerdenkmal

Das Ehrenmal nordöstlich vom Schloß wurde im August 1898 eingeweiht. Von einem am 1. September 1901 gefertigten Foto entstand diese Postkarte im Verlag Adalbert Stempfle. Der Ansbacher Veteranen- und Kampfgenossen-Verein feierte damals sein dreißigjähriges Stiftungsfest. 30 Jahre vorher endete der Krieg gegen Frankreich, in dem 1870/71 auch viele Soldaten aus Ansbach gefallen sind, deren Namen man an der Süd- und Nordseite des Obelisken verewigte. Auf drei der vier Seiten des von der Firma Wölfel & Herold aus Bayreuth errichteten Syenit-Obelisken finden sich die Porträts folgender Fürsten: Kaiser Wilhelm I., Kaiser Wilhelm II. und Prinzregent Luitpold.

Der Platz des Hauses der Volksbildung

In der Militärreithalle beim Platendenkmal fanden noch vor dem Ersten Weltkrieg Frühjahrs- und Herbst-Kontrollversammlungen statt. 1914 erwarb die Stadtverwaltung das Gebäude für Bauhofzwecke. 1928/29 wurde es abgebrochen. An dieser Stelle wurde 1929/30 das „Haus der Volksbildung“ im Bauhausstil erbaut. Entworfen haben das am 8. März 1930 eröffnete Volkshaus Oberbaurat Dr. Erdmannsdorffer aus Nürnberg und Professor Linnebach aus München. Ein „Motor“ dieses ersten Volksbildungshauses in Bayern war Oberarzt Dr. Hans Lunckenbein, der frühere Leiter des Ansbacher Krankenhauses.

Fischstraße 15

Die Schloßvorstadt wurde wesentlich durch Bauten des 18. Jahrhunderts vergrößert und verändert, die sich an der Stelle früherer Gärten erhob. Noch im 17. Jahrhundert befand sich da, wo heute die Häuser Fischstraße 11, 13 und 15 stehen, der markgräfliche Küchengarten.
1740 wurde das Hofbräuhaus (Fischstraße 15) errichtet. Im Jahre 1802 wurde dieses hier abgebildete Gebäude um 21 000 Gulden an den Braumeister Johann Dorner aus Triesdorf verkauft, dessen Erben es 1831 um 48 000 Gulden an Bernhard Deuringer weiterveräußerten. Nachbesitzer wurde Xaver Deuringer und 1851 die Freiherrlich von Crailsheimische Gutsherrschaft, die später in eine Aktiengesellschaft umgewandelt worden ist. Später gelangte es in den Besitz der Familien Kracker und Fechter.

In der Nürnberger Straße

Der Weg führt uns jetzt in die Nürnberger Straße. 1918 entstand die Aufnahme der Nr. 14 mit der „Conditorei Spezerei" von Wilhelm Luger. Unter der Ladentür steht Fräulein Luger. Sie arbeitete später bei der Firma Oechsler und wohnte mit ihrer Mutter im Hause der Metzgerei Matthäus. In Haus Nr. 14 war dann die Konditorei nebst Café Hackh, dem die Gaststätte „Wiener Stube" folgte. Dieses Eckhaus zur Alexanderstraße stammt aus der Zeit um 1800. Heute führt hier, an diesem Haus, der Fußweg vorbei zur Überquerung des Schloßknotens, der mit der Residenzstraße entstand. Aber vor noch nicht allzulanger Zeit konnte man an der Ecke bei Hackh in die Alexanderstraße abzweigen, vorbei am Haus Uhren-Macha, bei Betten-Ott, Kolonialwaren-Jüdt und bei Möbel-Leidenberger. Das alles verschwand und wurde dem Straßenbau geopfert. Nur zehn Hausnummern hatte einst die Alexanderstraße, benannt nach Ansbachs letztem Markgrafen, der sein Fürstentum an Preußen verkaufte.

Nürnberger Straße 23

Das Anwesen Nürnberger Straße 23 hat sein Gesicht völlig verwandelt. In den dreißiger Jahren wurden zwei Läden im Erdgeschoß eingerichtet, deren Aufteilung heute noch unverändert ist. Links befand sich die Kranzbinderei von Marie Schübel, später weitergeführt von deren Tochter Karoline Arld, im großen Laden rechts betrieb Wolfgang Schübel einen Handel mit Landmaschinen. In den Geschäftsräumen der Maschinenbau- und Reparaturwerkstätte befindet sich heute ein Antiquitätenladen, im früheren Blumenladen arbeitet seit Jahren ein Friseur. Der Hauseingang befindet sich heute an der Rückseite des Gebäudes, da der alte Eingang zum Ladenaus- und -eingang umgebaut worden ist. Jahre nach den Ladeneinbauten wurde auch das Obergeschoß völlig umgebaut, wobei sich die Fenstereinteilung durch mehrere größere Fenster änderte.

Das Gebäude befindet sich heute im Besitz der Erben des 1987 verstorbenen Dipl. Ing. Herrmann Schübel, eines Sohnes von Wolfgang und Marie Schübel.

Das Eichamt oder Schießhaus

Repräsentativ wirkte das 1753 unter dem Markgräflichen Hofbaumeister Johann David Steingruber im Barockstil erbaute Schießhaus. Der Turm wurde nachträglich aufgesetzt. Im Jahre 1969 mußte das auf der Achse der Orangerie liegende und in seiner Proportionierung zwischen Länge und Breite und mit einem Mansardwalmdach sehr schön wirkende Haus dem Neubau einer Drogerie und eines Lebensmittelmarktes weichen. Von 1878 bis 1888 beherbergte das Schießhaus auch die Freimaurerloge „Alexander zu den drei Sternen". Viele Jahre diente das Gebäude als Eichamt. Den Namen Schießhaus hatte es aber von seinem geräumigen Hof, in dem die Bürgerwehr und das Freikorps ab 1848 ihre Schießübungen abhielten. Dieser Hof schloß sich an die östliche Fassade des Hauses an. In den Revolutionswirren der 48er-Jahre des vorigen Jahrhunderts hatten sich angesehene Bürger Ansbachs an die königliche Regierung mit der Bitte gewandt, ein freiwilliges Korps aufstellen zu dürfen, um die öffentliche Sicherheit, Ruhe und Ordnung aufrechtzuerhalten. In den zwanziger Jahren unseres Jahrhunderts gelangte der Hof als „Klein-Sibirien" zu trauriger Berühmtheit. In ausrangierten Personenwagen der Bahn hausten dort Familien unter primitivsten Verhältnissen.

Planschvergnügen vor der Nordseite der Orangerie

Um 1925 entstand die hier gezeigte Aufnahme der Nordseite der Ansbacher Orangerie, noch ohne die kleineren baulichen Veränderungen in den siebziger Jahren und mit der Rezat im alten Flußbett. In den zwanziger Jahren – und auch noch später – haben die Kinder hier oft gebadet.
Das Orangeriegebäude war das erste Werk in Ansbach des in Italien geborenen und später zum Baudirektor ernannten Leopoldo Retti. Es entstand anstelle eines Opernhauses, das seinen Zweck nicht erfüllt hatte, unter der vormundschaftlichen Regierung der kunstsinnigen Markgrafenwitwe Christiane Charlotte (Regierungszeit 1723–1729) im italienischen Barockstil in den Jahren 1726/27. Das Gebäude ist 136 Schritt lang. Nach vorhandenen Plänen war offenbar beabsichtigt, unter Benützung des Rezatwassers auf der abgebildeten Nordseite der Anlage, einen kleinen See zu errichten, die aber nicht zur Ausführung kamen. Der mit einem etwas mäßigen Mansarddach gedeckte Bau ist gegen den Garten zu schlicht durch jonische Pilaster gegliedert und öffnet sich auf der Nordseite in einer langen Halle gekuppelter jonischer Säulen. Zum Besuch von König Ludwig III. von Bayern und seiner Gemahlin, Königin Therese, im Juli 1914 in Ansbach fand auch in der Orangerie ein pompöser Empfang statt. Nur wenige Jahre zuvor war in Ansbach das elektrische Licht eingeführt worden.

Klassenfoto an der westlichen Seite der Orangerie

Im Jahre 1933 entstand diese Aufnahme einer vierten Jahrgangsstufe von Schülerinnen der Güllschule durch den Ansbacher Fotografen Lübeck. In der hinteren Reihe ganz rechts ist der zwischenzeitlich verstorbene Klassenlehrer Weigand zu erkennen. Im Hintergrund der Aufnahme sehen wir einen Teil der westlichen Kopfseite der Orangerie, die bei den Luftangriffen 1945 schwer beschädigt worden ist. 1946 sollte aus den Trümmern der Orangerie Material für den Wiederaufbau kriegsbeschädigter Wohnbauten gewonnen werden. Es gab damals einen Befehl des amerikanischen Stadtkommandanten an das kommisarische Stadtoberhaupt Dr. Schregle, die Orangerie zum Abbruch freizugeben. Es gelang Dr. Schregle jedoch, die Rücknahme des Befehls zu erreichen. Während sich die 102 m lange Südseite mit 25 Rundbogenfenstern und vier großen Rechteckfenstern dem Betrachter bietet, fällt die Nordseite tief ab. Die beiden Kopfseiten (hier westliche Kopfseite) vermitteln den Geländeunterschied und überwinden die Differenz durch Treppenanlagen.

Ein alter Gasthof

Im Verlag von Georg Heidingsfelder aus Steinbach entstand diese Karte bereits vor dem Jahre 1912. Wir sehen das Anwesen Eyber Straße 15, in dem sich bis in die zwanziger Jahre die Wirtschaft „Zum goldenen Anker" befand. Die Zeichnung der Gebäude entspricht nicht ganz der Wirklichkeit. Später erwarb der Lohnkutscher Albert Sander den Komplex. Im 16. Jahrhundert wurde hier das städtische Siechhaus namentlich von Elisabetha, der Gemahlin des Markgrafen Georg Friedrich I., gegründet und mit Schenkungen bedacht. Im Jahre 1804 ging das Gebäude in Privatbesitz über.

Karolinenstraße 3

Das Haus Karolinenstraße 3 steht an der spitzen Ecke von Karolinen- und Turnitzstraße. Es entstand zwischen 1730 und 1750 unter Leitung des Markgräflichen Hofbaumeisters Leopoldo Retti. Vor dem Eckhaus erkennt man einen breiten übersichtlichen Platz für die Mündungen der Turnitz-, Karolinen-, Alten Post- und Maximilianstraße.

Das Gebäude ziert ein barocker Bogengurt. Links, an der Karolinenstraße, ist ein Anbau sichtbar. Es war einst die Schmiede von Jakob Wellhöfer, später wurde das Häuschen aufgestockt, um auch Wohnraum zu schaffen, Im Erdgeschoß führte Schmied Kohr später sein Handwerk aus und heute befindet sich hier ein Beerdigungsinstitut.

Maximilianstraße 11

Der letzte Ansbacher Hofbaumeister David Steingruber, erbaute um 1780 diese Häuserzeile in der Maximilianstraße. Das Gebäude im Vordergrund, Nummer 11, erbaute er für Schreinermeister Rappold. Dieser verlegte später seine Wohnung in das Rückgebäude in der Alten Poststraße. Die hier abgebildete Aufnahme entstand am 27. Juli 1900. Auf der unteren Treppenstufe ist der damalige Hausbesitzer, Herr Müller, zu erkennen. Er verabschiedet gerade seinen Schwager Habermeier.

Das Haus rechts daneben erbaute Maurermeister Wohlgemuth nach Plänen Steingrubers für Hufschmiedemeister Schnürlein. Das Portal wurde mit den Zeichen seines Handwerks verziert: Hufeisen und Hämmer in Stuck. Vielen ist das Anwesen heute als das Haus des 1988 verstorbenen Zahnarztes Wittner bekannt, dessen Familie es bis vor einiger Zeit besaß.

Maximilianstraße 22

Das Haus Maximilianstraße 22 hat mehrere Umbauten hinter sich. Bevor diese Aufnahme um 1930 entstand, war zwischen dem ersten und zweiten Obergeschoß an der Fassade die Aufschrift: „Gasthaus zum Schwan“, das im Erdgeschoß seinen Gastraum hatte. Noch vorher befand sich das „Gasthaus zum Schwan“ vermutlich im Anwesen Schaitbergerstraße 4. Doch zurück zum Haus Maximilianstraße 22. Der Spenglermeister Georg Arlt richtete im Erdgeschoß zwei Läden ein. In dem linken – etwas größeren – handelte er selbst seit 1903 mit Haus- und Küchengeräten. Rechts befand sich eine Drogerie. Nach dem Tode von Georg Arlt führte sein Sohn Karl das Geschäft weiter. Er war früher auch oft mit dem Lieferauto bei der Landkundschaft unterwegs. Die Ansbacher werden sich noch erinnern können, daß der zwischenzeitlich ebenfalls verstorbene Karl Arlt noch als hoher Siebziger den Laden mit dem Mobiliar seines Vaters führte. Hier gab es noch einzelne Topfdeckel, die in extra Deckelständern, der Größe nach aufgereiht, auf ihren Käufer warteten. In einem kleinen Nebenraum bereitete Frau Arlt das Mittagessen zu und oft duftete der ganze Laden nach dem guten Essen. Die Zeit schien hier still zu stehen! Heute befindet sich in den Räumen ein Geschäft mit Hörgeräten.

Endresstraße 12 und Endresstraße 10

Um die Wende vom 19. ins 20. Jahrhundert entstanden die hier gezeigten Aufnahmen der Häuser Endresstraße 12 und 10, damals noch als D 24a und D 23 bezeichnet. 1891 hatte der Charkutier Georg Keppner sen. das linke Gebäude erworben. Das Walmdachhaus mit Putzgliederung und Mittelrisalit stammt noch aus dem 18. Jahrhundert. Vor dem Ladeneingang erkennt man den Metzgermeister Georg Keppner, dahinter seine Ehefrau. Links davon ist beider Sohn Georg am Einfahrtstor zu sehen. Nach dem Besuch der Realschule trat er in die Fußstapfen des Vaters und erlernte das Metzgerhandwerk. Hochbetagt starb er im Jahre 1987. 1961 hatte die Firma Keppner, Königlicher Hoflieferant der Ansbacher Bratwürste, ihr 70jähriges Geschäftsjubiläum feiern können. Einige Jahre später gaben die Geschwister Keppner den Betrieb aus Altersgründen auf.

Rechts ist das Haus mit der Nummer 10 sichtbar. Es beherbergte um die Jahrhundertwende die Wagenbau- und Lederhandlung Hans Roetter. Der jüngere Gründerzeitbau steht keineswegs in Disharmonie zu dem älteren linken Barockbau mit seinen Ecklisenen.

Endresstraße 23

Im südwestlichen Teil Ansbachs finden wir den Gasthof „Zum Lamm“, Endresstraße 23. Bei einer Renovierung stellte der zwischenzeitlich verstorbene Architekt Wilhelm Baumann im rückwärtigen Teil des Gebäudes einen alten Giebel und die typische Form des dreieckigen Rauchloches im ehemaligen Strohdach fest, das einst das Haus des Schmiedes – als solches ist es in Urkunden bekannt – bedeckt hatte. Im Jahre 1733 wurde das Gebäude, wie aus einer Inschrift über der Eingangstür zu lesen ist, teilweise abgebrochen und neu errichtet. Der Erbauer war Georg Leonhardt Hochmuth, aus dessen Familie einer den Posten des damaligen Stadtapothekers bekleidete. Zu dieser Zeit hieß die Endresstraße noch Kühgasse.

Einige Jahre später, 1764, erwarb eine Familie Kilian das Haus und richtete in ihm die erste Gastwirtschaft ein. Um das Jahr 1800 folgte eine Familie Jüdt, die dann von drei Generationen der Familie Dürr abgelöst wurde. Damals kam auch, entsprechend dem Brauch, Wirtschaften nach Haustieren zu benennen, die Bezeichnung „Zum Lamm“ auf.

In der Endresstraße

Im Jahre 1930 entstand diese Aufnahme mit dem Wohn- und Geschäftshaus Endresstraße 31. Es wurde 1880 unter Leitung von Stadtbaumeister Christoph Carl Simon, der dieses Amt von 1877–1912 ausübte, erbaut.
Die Türe und das kleine Schaufenster des Ladens wurden 1986 gegen ein großes Normalfenster ausgewechselt.

Der Prinzregent thront über dem Schreibtisch des Herrn Direktors

1902 wurde auf dem Terrain zwischen der Feuchtwanger- und Schalkhäuser Landstraße die – damals so genannte – Kreisirrenanstalt eingeweiht. In dem Gesamtkomplex von ca. 50 Gebäuden plante man, 600 bis 700 Pfleglinge unterzubringen. Die Stadt Ansbach leistete zum Bau einen Beitrag von 40 000 Mark in bar sowie 60 Tagwerk Wald und 40 Tagwerk Äcker und Wiesen. Die Bauleitung hatte der Königliche Kreisbaurat Förster, dessen Büste noch heute im Treppenaufgang des Verwaltungsgebäudes zu sehen ist.
Die Aufnahme zeigt die Einrichtung des Direktorenzimmers im Jahre 1903. Der Raum dient heute dem Verwaltungsleiter des Bezirkskrankenhauses als Dienstzimmer.
Das Bild wurde dem Buch: „Die Irrenanstalten des Kreises Mittelfranken" entnommen.

In der Gartenstadt

Das Ensemble der Gartenstadt wurde in den zwanziger Jahren unseres Jahrhunderts durch die Architekten Hans Pylipp und Konrad Widmann im Sinne der Gartenstadtbewegung angelegt. Die Bachmannstraße ist die nach Süden ansteigende Hauptachse der Anlage, an der Stelle, wo sie sich platzartig erweitert, befindet sich der Ladenbau der Siedlung, anschließend stößt sie verengt auf die Blumenstraße. In dem links abgebildeten, heute als Laden genutzen Haus befand sich die Gaststätte „Gartenstadt“ bis zum Neubau an der Ecke Nelken- und Blumenstraße. Den Konsumladen rechts im Bild leitete Michael Steger viele Jahre, bis er 1954 eine private Kolonialwarenhandlung in der Schwanenstraße 9 übernahm.

Wach- und Torhaus der Kaserne von 1764

Kaum noch jemand wird sich an dieses 1764 unter Bauverwalter Hornung errichtete Wach- und Torhaus der Kaserne an der Würzburger Landstraße erinnern können, da diese markgräflichen Kasernenbauten bereits 1901 wieder abgebrochen worden sind. Damals entstanden an dieser Stelle neue Kasernen im Stil der Jahrhundertwende. Lediglich das zu der ursprünglichen Kasernenanlage gehörige südwestliche Kavalier-Eckhäuschen überdauerte Hornungs Gebäudekomplex. Leider ist es im Jahre 1945, am Ende des Zweiten Weltkrieges, zerstört worden.

Die Oberrealschule

Der Markgräfliche Baudirektor Carl Friedrich von Zocha erbaute für sich selbst das nach ihm benannte „Zocha-Schlößchen“. Später wurde es der Altbau der Oberrealschule, von den Schülern der „ORA“ aber immer noch „Zocha-Schlößchen“ genannt. Im Nordost-Eck befand sich das Direktorat, zu dem eine Wendeltreppe führte. Unterhalb des Direktorats lag ein Atriumhof. Nur ein kleiner Teil des alten Schlößchens überstand die Bombardierungen des 22./23. Februar 1945. Der letzte Bauteil wich im August 1970 einem Neubau.

Der Neubau des „alten" Finanzamtes

Die hier gezeigte Aufnahme entstand 1927 beim Neubau des früheren Ansbacher Finanzamtes, Dürrnerstraße 2. Im Hintergrund sehen wir Häuser der Feuerbachstraße. 1926 wurde die Firma Johann Stamminger mit den Erd-, Maurer-, Steinhauer-, Verputz- und Eisenbetonarbeiten beim Bau des Ansbacher Finanzamt beauftragt. Hier wurden schon damals Massivdecken „System Sperle" hergestellt, für die die Firma das alleinige Herstellungsrecht im früheren Bezirksamt Ansbach und der Stadt erworben hatte. Die Hohlsteindecke vereinigte in sich alle Vorzüge einer Massivdecke, wie geschlossene Untersicht, Schallsicherheit und sparsame Verwendung von Beton und Eisen, deren Ausführung damals überall empfohlen wurde.

Die Kraftwagenhalle der Post beim alten Schlachthof

Im Osten der Stadt standen die Smyrna-Teppichfabrik Roeder und die „Weidenmühle“ zu Beginn unseres Jahrhunderts noch einsam da. Erst 1913 wurde die Unterstellhalle für die Kraftwagen der neuerrichteten Kraftpostlinie Ansbach–Lichtenau erbaut. Die Kraftwagenhalle wurde später von der Stadt angemietet, dann in späteren Jahren abgerissen.

Phantasie im alten Ansbach

Der Postkartenmaler von damals hat, als er kurz nach der Jahrhundertwende zum Buntstift griff, Ansbachs Verkehrsmisere längst vorausgesehen. Damals hatte der gute Mann auf einer Scherzkarte gar keine schlechte Ideen, wie dem Verkehrsproblem Abhilfe geschaffen werden könnte. Lufttaxis und eine Seilschwebebahn vom Bismarckdenkmal nach München blieben auch im Atomzeitalter für Ansbach ein Wunschtraum. Der Grundstein für das Bismarckdenkmal in der Bildmitte wurde am 1. April 1903 gelegt, nachdem der 1900 in Bayreuth verstorbene und von hier stammende Kaufmann Fr. Fischer der Stadtgemeinde 10 000 Mark mit der Auflage vermachte, in Ansbach ein Bismarckdenkmal zu errichten.

Der „Schwan" in der Schaitbergerstraße

Der Weg führt uns weiter zu dem Hause Schaitbergerstraße 4. Dessen Baumeister war der von 1694–1714 in Ansbach wirkende Gabriel de Gabrieli. Die Hausfassade mit den Köpfen oberhalb der Fenster erinnert an das Wohnhaus, das sich Gabrieli 1733 in Eichstätt – seinem späteren Wirkungsort – erbaute. Er starb dort am 21. März 1747.
Nachdem das Anwesen in der Ansbacher Schaitbergerstraße bereits einmal den Besitzer gewechselt hatte, kam es 1725 in das Eigentum der kunstliebenden markgräflichen Beamtenfamilie Cramer.
Als die Aufnahme im Jahre 1910 entstand, befand sich im Hause die Kolonialwarenhandlung von C. Vogelhuber, die später in das naheliegende Haus Möbel-Kaiser (Farbenhaus) übergesiedelt ist.

Die Schaitbergerstraße ist nach der Familie Schaitberger, deren Ahne 1685 aus dem Salzburgischen nach Nürnberg zog, benannt. Von dort kam die Familie nach Ansbach.
Ein letzter Sproß stiftete sein Wohnhaus (heute Schaitbergerstraße 38) der Stadt als „Herberge zur Heimat".

Holzwarenfabrikant Peter Paul Laucks

Peter Paul Laucks war der Gründer der zwischenzeitlich erloschenen Holzwarenfabrik. Als gelernter Drechsler war er in Nürnberg als Werkleiter in einem Betrieb dieser Branche tätig. 1895 gründete er dort ein Geschäft zu Herstellung von Schreibwaren. Im Jahr 1911 verlegte er seinen Betrieb nach Ansbach. Dort wuchs in zwei Jahrzehnten auf dem Ackerland an der Sedanstraße, wie ältere Ansbacher noch heute die Stahlstraße bezeichnen, ein ansehnliches Anwesen. Peter Laucks starb am 2. Januar 1933 im Alter von 65 Jahren. Seinem Wunsch gemäß führten die drei Söhne Adolf, Karl und Georg Laucks die Fabrik weiter. Der älteste der Brüder, Adolf Laucks, war im Herstellungsbereich der Pinselhölzer tätig. Karl Laucks leitete das Sägewerk, wobei der jüngste der Brüder als kaufmännischer und technischer Leiter alle Arbeiten koordinierte und die Gesamtleitung innehatte. Er hatte das Technikum, die heutige Hochschule, in Konstanz besucht und war Maschinenbauingenieur. Nach den Zerstörungen im Zweiten Weltkrieg baute Georg Laucks, sein Bruder Karl war schon kurz nach Kriegsende verstorben, unter Mithilfe seines Bruders Adolf das Unternehmen weiter aus.

Der Eingang zur Firma Laucks

Im Jahre 1911 wurde das vor wenigen Jahren abgebrochene Büro- und Wohnhaus der Holzwarenfabrik Laucks erbaut. Auf dem ca. 24 000 Quadratmeter großen Gelände beschäftigte die Firma Laucks bald nach Kriegsende ungefähr 120 Personen zur Herstellung von Federhaltern, Pinselstielen und fast einhundert anderen Produkten aus Holz. Die Firma betrieb ein eigenes Sägewerk. Mit den Holzabfällen wurde durch einen angekauften U-Boot-Motor Strom für den Betrieb hergestellt. In der Werksküche arbeitete eine Betriebsköchin. Wenige Jahre vor seinem Tode im Jahre 1976 konnte Georg Laucks durch den Ansbacher Oberbürgermeister das Bundesverdienstkreuz entgegennehmen. Neben seiner nimmermüden Tätigkeit im eigenen Betrieb hatte er auch zahlreiche Ehrenämter inne. Bei der Betriebsauflösung, wenige Jahre nach dem Tod von Ingenieur Laucks, sorgte ein Sozialplan für alle Betriebsangehörigen.

Der Verkaufsladen „Zigarren Eichhorn“ in der Turnitzstraße

Die Zigarrenfabrik Franz Eichhorn & Söhne befand sich in zwei Gebäuden in der Turnitzstraße, gegenüber der heutigen Rotkreuz-Zentrale, dem früheren Hindenburgheim. Zur Straßenseite hin lag ein Verkaufsladen der Firma, den wir hier in einer Aufnahme aus dem Jahr 1922 sehen können. Unter der Ladentüre stehen Eichhorns-Buben aus drei Familien der Söhne des Firmengründers. Besondere Zigarrenspezialitäten wie „Frisch gewickelte Habana“, „Echte Virginier“ und „Feine Sandblattfabrikation“, wie auch die übrigen Erzeugnisse waren in vielen Spezialgeschäften Deutschlands gut eingeführt. Damals hatte die Firma Eichhorn um die 100 Mitarbeiter beschäftigt.

Weihnachtskarte der Firma Eichhorn aus dem Jahre 1902

Zigarrenfabrikant Franz Eichhorn

Franz Eichhorn gründete im Jahre 1868 in Ansbach die Eichhornsche Zigarrenfabrik. Bedingt durch die allgemeine wirtschaftliche Hochkonjunktur, nach der Reichsgründung 1871 unter der Regie von Bismarck, entwickelte sich das Unternehmen zu voller Blüte.

Der hier abgebildete Firmengründer leitete das Unternehmen 33 Jahre lang und übergab es 1901 an seine vier Söhne: Josef, Franz, Gottfried und Karl Eichhorn. 1903 gründeten die Gebrüder Eichhorn eine Filialfabrik in Herrieden und bald darauf ein weiteres Zweigunternehmen in Aurach. Dieses damals errichtete Gebäude in Aurach steht heute noch. Es ist das erste Haus links, wenn man von Ansbach kommt – heute ein Gasthaus. Der Firmengründer Franz Eichhorn starb 1909 in Ansbach, sein ältester Sohn, Handelsrichter Josef Eichhorn, verschied 1922, nur wenige Monate später folgte ihm sein Bruder Franz.

Triesdorfer Straße 27

Das hier abgebildete villenartige Anwesen Triesdorfer Straße 27 gehörte dem Zigarrenfabrikanten Karl Eichhorn, dem jüngsten Sohn des Gründers Franz Eichhorn. Welche Veränderungen hat dieses Haus hinnehmen müssen! Den Ansbachern ist es heute noch als „Café Wilhelm“ bekannt. Nach dem Gehweg an der rechten Hausseite biegt man – damals wie heute – in die Welserstraße ein.

Die Firma „Zigarrenfabriken Franz Eichhorn & Söhne“ mit Hauptsitz in Ansbach erlosch nach rund 70 Jahren ihres Bestehens Ende der dreißiger Jahre. Karl Eichhorn starb im Jahr 1949 in Ansbach.

Maximilianstraße 31

Am Freitag, den 13. September 1912, entstand die hier abgebildete Aufnahme des Anwesens Maximilianstraße 31 mit der Obst- und Kolonialwarenhandlung von Leonhard Fritz. Einige Jahre später wurde die Mansarde des Hauses durch einen großen Dacherker mit vier Fenstern ausgebaut. Im Jahr 1926 stand das Anwesen im Besitz des Kolonialwarenhändlers Wild. Leonhard Fritz führte seinen Laden in der Schaitberger Straße Nummer 1 weiter.

Verleger Michael Prögel

Feuchtwanger Straße 13/15

1947 malte H. Knäulein dieses Ölbild mit den 1945 zerstörten Anwesen Feuchtwanger Straße 13 und 15. Zu Beginn des Jahrhunderts hatte der Lehrer und spätere Verleger Michael Prögel die beiden Anwesen erworben und zu einem Haus umgebaut. Im Erdgeschoß befand sich die Verlagsbuchhandlung. Der Verlag wurde später von seinem Sohn Wilhelm Prögel übernommen, der mit seiner Familie die erste Etage des Hauses – eine herrschaftliche Sechs-Zimmer-Wohnung mit offenem Kamin und einer reichen Bibliothek – bewohnte. Die zweite Etage bewohnte Prögels Schwester Frieda Wilhelmine, die den bekannten Ansbacher Lehrer Friedrich Pfeiffer geheiratet hatte. 1945 traf das Haus eine Sprengbombe, die das Treppenhaus durchschlug. Das Anwesen brannte in kurzer Zeit völlig aus. 14 Jahre später errichtete man auf dem Ruinengrundstück einen Neubau. Hier ist seither eine Zweigstelle eines Ansbacher Bankinstituts untergebracht. Die Firma Prögel siedelte sich in Sachsen neu an. Die Familie ist leider seit Jahren ausgestorben, der Volksschulbuchverlag von Michael Prögel wurde dem Oldenburg-Verlag einverleibt.

Josef Eichhorn, Landwirtschaftliches Lagerhaus, Kohlen, Heizöl, Diesel

1950 wurde nach Kriegsende der erste Bagger in Ansbach eingesetzt. Er war zuerst bei der Baustelle zum Erweiterungsbau des städtischen Krankenhauses im Einsatz. Danach rollte er zu der Baustelle des Anwesens Eichhorn weiter. Hier begann man mit dem Neubau eines landwirtschaftlichen Lagerhauses und einer Kohlenhandlung. Die Firma hatte bereits vorher in der Schwanenstraße bestanden. Besonders im Krieg war die Familie Eichhorn um die Versorgung der Bevölkerung bemüht. An den Wochenenden war Josef Eichhorn mit dem Lastwagen unterwegs, um die Habseligkeiten bombengeschädigter Haushaltungen an die Evakuierungsorte der Familien zu fahren. Kurz nach dem Zweiten Weltkrieg hatte Josef Eichhorn den drittgrößten Kartoffelumsatz in Bayern. Nur 55 Jahre alt, starb er am 11. November 1956 in seinem zwei Jahre vorher an der Feuchtwanger Straße errichteten Wohnhaus. Seine Familie führte die Firma noch rund dreißig Jahre lang weiter. Im September 1988 wurde das Lagerhaus abgebrochen.

Josef Eichhorn

Tanzschule Babel

Viele Ansbacher Tanzeleven früherer Jahre werden sich noch an das Babelsche Institut erinnern, das in den letzten Kriegstagen zum Teil durch Bomben zerstört wurde und dessen Überreste in den Jahren danach die Basis für die heutige Tanzschule bildeten. Martin Babel und seine Frau sind beim Luftangriff im Gebäude umgekommen. Nach dem Krieg führte Babels Patenkind Martin Brönner die Tanzschule weiter.

Herzl. Dank für die überaus zahlreiche, so wohltuende Teilnahme b. Hinscheiden meiner unvergeßl. lieben Gattin, Mutter, Großmutter u. Tante, Frau **Marie Hecht.** Otto Hecht im Namen aller Verwandten.

Das „Hotel Stern“

Das spätere „Hotel Stern“ wurde 1748 als Palais Nostiz erbaut. Es ist ein typischer Barockbau. Zu Beginn unseres Jahrhunderts gehörte das Hotel Herrn Otto Hecht und seiner Ehefrau Maria, die aus Schwabmünchen stammte. Als die Familie Hecht das Hotel an die Familie Horn verkaufte, ahnte sie noch nichts von der kurz bevorstehenden Inflation der Jahre 1921–1923. So blieb ihre Privatierzeit nur kurz. Herr Hecht mußte im fortgeschrittenen Alter noch einen Posten bei einem hiesigen Bankinstitut annehmen. Nach dem Tod seiner Frau Maria am 4. September 1946 übersiedelte er ins Hospital, wo er einige Jahre später starb.

„Goldener Stern" – Familie Hecht

Um 1912 entstand diese Aufnahme bei der Silberhochzeit des stadtbekannten Hoteliers vom „Goldenen Stern", Herrn Otto Hecht und seiner Frau Maria im Hof des Hotels. Das Silberpaar hatte in der Mitte Platz genommen, zwischen beiden plazierte sich ihre später jung verstorbene Pflegetochter. Ganz rechts sitzt Frau Anna Schwab, links neben ihr Frau Albrecht, Hoteliersgattin vom „Zirkel". Dahinter erkennen wir stehend als zweite von rechts Fräulein Emmy Schwab und als fünfte Person deren Vater, Herrn Oberlandgerichtsrat Joseph Schwab. Siebenter von rechts ist Stadtpfarrer Sponsel. Ganz links postierte sich im hellen Kleid Fräulein Albrecht vom Hotel „Zirkel". Die Hoteliersfamilien hatten also damals ein gutes Verhältnis zueinander und nahmen auch an den Familienfeiern gegenseitig teil.

Platenstraße 2

Kaum wiederzuerkennen!
Die älteren Jahrgänge der Ansbacher werden sich noch an die einst bemalte Fassade des „Gasthauses zum Deutschen Reich“, Platenstraße 2 – einst Judengasse – erinnern können. Unsere Aufnahme entstand im Jahre 1926. Der Wirt hieß damals Alois Eser. Die beiden Emailschilder über den Fenstern des Erdgeschosses zeigten an, daß hier „Maisel-Bier“ geführt wurde. Bis 1980 stand das Haus – ausgenommen die Bemalung – unberührt. Bei der darauffolgenden Generalsanierung wurde eine Fußgängerpassage durch das Erdgeschoß gebaut. Der noch verbliebene geringere Teil der Nutzfläche wurde dem Nachbargebäude, Martin-Luther-Platz 23, beim Wiederaufbau zugeschlagen. Das gleiche erfolgte mit den beiden Obergeschossen. Von dem hochbarocken Haus wurden außer dem Keller und den Geschoßdecken nur die Nord- und Ostwand erhalten.

Im Anwesen Martin-Luther-Platz 24 befand sich bis 1628 die „Heckenwirtschaft zur Langweil“. Als Gassenbezeichnung findet man den Namen „Langweil“ erst ab dem Jahr 1740 auf einem Stadtplan.

In der Langweil

Dies war die offizielle Bezeichnung des Gebietes vom Verlauf der heutigen Schaitbergerstraße, der Luisenstraße und der Pfarrstraße bis zum Jahr 1903. Etwa seit dem Jahre 1600 sind die Namen der Besitzer des heutigen Anwesens Nummer 24 bekannt. Damals gehörte das Haus Georg Nueding, einem 1568 im nahen Lehrberg geborenen Bäcker. Seine Frau wird als „Wirtin zur Langweil" genannt. Nach dem Tod ihres Mannes heiratete sie den Wirt und Weinschenk Hans Raab. Die Nachfolgebesitzer waren keine Wirte mehr, sondern nur noch Bäcker, deshalb erlischt die Bezeichnung „Wirtschaft zur Langweil" mit dem Tod von Raab. Als 19. Eigentümer hat der verstorbene Ansbacher Heimatforscher Ernst Kober ab 1908 den Bäckermeister Hans Michael Schühlein festgestellt. Im Jahr 1925 richtete er ein Café ein und verpachtete sein Geschäft später an die Familie Schimm, die hier noch heute das Café mit der Feinbäckerei betreibt.
Die Hochzeitsgesellschaft im Bild erinnert an die Vermählung der Tochter des Ehepaares Schühlein. Herr und Frau Schühlein sitzen neben der Braut.

Das heute nicht mehr existierende „Gasthaus zur Linde" in der Würzburger Straße

Faß- und Holzlagerplatz der Büttnerei von L. Bischoff in der Würzburger Straße

Das Büttnerhandwerk

Noch um die Jahrhundertwende existierten im Stadtbereich Ansbach neun Büttnerwerkstätten und zwei gewerbliche Küferbetriebe. Meister und Gesellen waren voll beschäftigt, die einen mit der Anfertigung von schweren Eichenfässern als Bierbehälter, andere mit Fässern und Zubern für die Landwirtschaft und mit der Herstellung von Krautfässern für den Handel oder den Hausgebrauch. Noch vor dem Ersten Weltkrieg zogen Büttner von Dorf zu Dorf, von Gehöft zu Gehöft, bereiften Fässer neu, trieben Bänder an, oder wechselten schadhafte Faßdauben aus. Ihre besten Auftraggeber waren die Bierbrauereien, die für ihren Sud nach der Gärung schwere Eichenfässer brauchten, um dann den edlen Gerstensaft abzufüllen. Das Faß als Weinbehälter baute nur der Küfer, ohne künstlerische Verzierung oder Schnitzerei.

Tante Mia Nieß

Im Anwesen Promenade 11 führte Fräulein Mia Nieß, Tochter eines Ansbacher Rechnungsrates, einen privaten Kindergarten. Die Eltern hatten 1930 für die Betreuung im Monat für ein Kind 10 Mark zu bezahlen. „Tante Mia", wie die Kinder Fräulein Nieß nannten, ist in der hinteren Reihe zu erkennen. Sie hatte nach dem Abschluß am Ansbacher Theresien-Institut (heute Theresien-Gymnasium) mehrere Jahre das Kindergärtnerinnenseminar in Neuendettelsau besucht. Es waren meist Bürgerkinder, die von „Tante Mia" betreut und, ähnlich der heutigen Vorschulerziehung, unterrichtet worden sind. Im Sommer spielte man im Garten Kasperltheater, eine Eisenbahn und ein Laterna-Magica-Gerät waren zum Spielen vorhanden. Kein Wunder, daß nicht nur Ernst Günther Zumach, langjähriger Ansbacher Oberbürgermeister, im Bild in der ersten Reihe ganz links, „Tante Mia" bis zu deren frühem Tod freundschaftlich verbunden geblieben ist. Der Kindergarten schloß 1939 seine Pforten, nachdem sich Fräulein Nieß geweigert hatte, mit den Kindern nicht mehr zu beten, und die jüdischen Kinder aus der Gruppe auszuschließen.

Die Luitpoldschule

428 000 Mark Baukosten entstanden in den Jahren 1905/1906 für das damals modernste Schulhaus in Ansbach: die Luitpoldschule. Das Gebäude wurde auf einem städtischen Grundstück, dem sogenannten Spitzacker, zwischen der Feuchtwanger- und der Crailsheimstraße, erbaut. Die Schule war für 21 Klassen konzipiert worden und hatte im Untergeschoß ein Brausebad. Das Luitpoldschulhaus gehört zu den einprägsamsten Jugendstilbauten von Ansbach. In den sechziger Jahren wurde der für den Jugendstil charakteristische Zaun mit der Sandsteinmauer und dem Eingangstor leider abgetragen. Der Planer und Erbauer der Luitpoldschule war Stadtbaumeister Christoph Carl Simon. Die Aufnahme entstand im Hof der Luitpoldschule um 1927 mit Lehrer Robert Funk.

„Radfahrer-Verein Ansbach“

Erinnerungen sind einprägsamer durch Bilder. Bekannt waren die Postkarten des Kunstmalers K. Zinn aus dem Verlag der Königlichen Hofbuchhandlung Max Eichinger. Besonders gefielen auch die Bilder des Kunstmalers F. Trost (sen.), die hauptsächlich die Umgebung Ansbachs darstellten. 1904 entwarf M. Witz diese Künstlerpostkarte für den Radfahrer-Verein Ansbach. Auch sie entstammt dem Verlag von Max Eichinger. Das zweite Stiftungsfest des Radfahrer-Vereins wurde am 13. und 14. Juni 1907 in Ansbach groß gefeiert. Im Jahre 1912 fand der 27. Kongreß der Allgemeinen Radfahrer-Union statt. Dabei wurden hervorragende Kunstmeisterschaften gezeigt.

Aufführung eines Märchenspiels

Vom 12. bis 14. Juli 1927 wurde im einstigen Steinsaal der Orangerie sechsmal das Märchenspiel „Die Königskinder“ aufgeführt. Für die Ansbacher Schulkinder fanden die Aufführungen dreimal tagsüber, für die Erwachsenen dann an den Abenden statt. Der Erlös aus den Aufführungen war für das Rote Kreuz bestimmt. Initiator und Bühnenbildner des Stückes war Herr Kappenmacher aus München. Unter den abgebildeten „Schauspielern“ (Geburtsjahrgang 1914–1920) finden wir Fräulein Albrecht, die Brüder Deckert, Hildegard Foertsch, Sofie Heidingsfelder, später verheiratete Besendörfer, den späteren Ansbacher Arzt Georg Ruhl und Max Wörrlein. Das Aufführungslokal, der schon genannte Steinsaal, war damals noch völlig schmucklos. Nur ein Springbrunnen befeuchtete die Luft für die hier im Winter untergebrachten nicht wetterfesten Hofgartenpflanzen. Dieser Steinsaal ist heute der „Grüne Saal“ der Orangerie. Die Aufnahme entstand im Hofgarten neben dem Orangeriegebäude.

Der Führungsstab des Roten Kreuzes im Jahre 1949

Im Jahre 1949 entstand diese Aufnahme mit Führungsmitgliedern des Roten Kreuzes. Wir erkennen ganz links den 1987 verstorbenen Arzt beim Roten Kreuz Dr. Heydner. Schon viele Jahre vor ihm starb Dr. Pisselhoy, im Bild rechts anschließend. Dritte von links ist Marie Reinhard, die nebenher auch Leiterin der Nähstube des Roten Kreuzes in der Geschäftsstelle in der Karolinenstraße war. Hier wurden in den letzten zwei Jahren vor der Währungsreform mehr als 500 Bekleidungsstücke aller Art für Bedürftige angefertigt. Alle Damen in der Nähstube arbeiteten ehrenamtlich. Im Mittelpunkt der Aufnahme sehen wir den damaligen Vorsitzenden des BRK, Landrat Dr. Neff. Bei ihm und bei Schatzmeister Karl Burkhard, dem späteren Regierungspräsidenten, ganz rechts im Bild, hat sich die Bereitschaftsführerin Rapp eingehängt. Wie viel Zusammengehörigkeitsgefühl strahlt dieses Bild aus!

Dr. Johann Daniel Schöpf
Geheimer Hofrat, Präsident des Medizinalkollegiums in Ansbach und bedeutender Naturforscher

Am 10. September 1800 starb in Ansbach Dr. Johann Daniel Schöpf, der weitgereiste, weltgewandte Leibarzt des Markgrafen Alexander. Dr. Schöpf erhielt 1777 den Ruf, als Feldarzt die markgräflichen Truppen nach Amerika zu begleiten. Am 7. März verließ er mit einer Truppe von 1 285 Mann die Stadt Ansbach und erreichte am 4. Juni 1777 die Nähe von New York in einer „neuen Welt", die seiner Forschungsbegierde in der Naturkunde ein reiches Feld eröffnete. Sechs Jahre lang hat er als Feldarzt bei den markgräflichen Truppen verweilt und über seinen Aufenthalt 1783 vier Briefe von dem damaligen Zustand in Nordamerika veröffentlicht. Im gleichen Jahre kehrten die markgräflichen Truppen – sie gehörten zu der großen Zahl der angeworbenen deutschen Soldaten – mit von Gneisenau, dem späteren Feldmarschall, nach dem in Ansbach eine Straße benannt ist, zurück. Schöpf wollte Amerika noch näher kennenlernen und trat die Rückreise nach Europa erst 1784 an. Ein Jahr später wirkte er in Bayreuth als Militärarzt, zweiter Landphysikus und Mitglied des Medizinalkollegiums. Markgraf Alexander forderte ihn auf, ihn auf einer Reise nach Venedig zu begleiten. Dort ernannte ihn der Fürst zu seinem Leibarzt.

Nachdem bereits 1781 von Dr. Schöpf medizinische Schriften über Klima, Witterung, Lebensart und Krankheiten in Amerika erschienen waren, folgte 1787 in seiner „Materia medica americana" ein sehr ausführliches Verzeichnis der nordamerikanischen Heilmittel und Arzneipflanzen, sowie eine mineralogische Schrift unter dem Titel „Beiträge zur mineralogischen Kenntnis des östlichen Teils von Nordamerika und seiner Gebirge." 1785 war sein Hauptwerk unter dem Titel: „Reise durch einige der mittleren und südlichen Vereinigten Staaten nach Ostflorida und den Bahama-Inseln" erschienen.
Dieses zweibändige Reisewerk bildet eine wahre Fundgrube für alle diejenigen, die sich über den Kulturzustand Nordamerikas zu Ende des achtzehnten Jahrhunderts informieren wollen. Für alle Zeiten wird der vielseitig gebildete, hochbegabte Mann in der Geschichte der Naturwissenschaften, namentlich als Botaniker, einen ehrenvollen Platz einnehmen. Auch eine sehr geschätzte, mit vielen Kupferstichen versehene Abhandlung über die Schildkröten, desgleichen über einige Seegewürme, über die Temperatur der Pflanzen, über die Fische in den Gewässern von New York, haben unseren fränkischen Naturforscher zum Verfasser. Auch der verstorbene Ansbacher Landgerichtsdirektor und Heimatforscher Julius Meyer schreibt in seinen 1885 bei C. Brügel und Sohn in Ansbach erschienenen „Beiträgen zur Geschichte der Ansbacher und Bayreuther Lande" über die Teilnahme der markgräflichen Truppen an dem Feldzug in Amerika und den Feldarzt Dr. Schöpf. Der weitgereiste Leibarzt war zugleich einer der vertrautesten Beamten von Markgraf Alexander. Er war auf vielen Reisen dieses hochgebildeten Fürsten dessen steter Begleiter. Noch unter der markgräflichen Herrschaft wurde ihm die Oberinspektion über die in Regie betriebene Hof-

Das „Schöpf-Haus“

apotheke in Ansbach übertragen. Unter der preußischen Regierung wurde Dr. Schöpf 1795 in Anerkennung seiner Tüchtigkeit zum Präsidenten des Medizinalkollegiums und zum Geheimen Preußischen Hofrat in Ansbach ernannt. Bereits 1792 hatte Dr. Schöpf das hier abgebildete Doppelhaus Bischof-Meiser-Straße 12/14 um 8 000 Gulden gekauft, das Chr. Ludwig von Seckendorff-Obernzenn 1739/40 erbaut, dann Obriststallmeister Axel von Mardefeld besessen hatte. Julius Meyer schreibt von einer Verletzung am Auge, die sich Dr. Schöpf bei einem Zweikampf zugezogen hat und die bei seiner Büste noch zu sehen ist. Diese befand sich viele Jahrzehnte im Stiegenhaus des Anwesens, sie befindet sich heute in den Wohnräumen des früheren Regierungspräsidenten Burkhardt.

Das linke Gebäude fiel den Bomben am 22./23. Februar 1945 zum Opfer

Rechts das „Schöpf-Haus" mit dem Eingang zum Hofgarten gegenüber

Dr. Schöpf starb an einem Halsleiden am 10. September 1800 in Ansbach und wurde wenige Tage später auf dem Friedhof bei Heilig-Kreuz beigesetzt.
Die kinderlose Witwe von Dr. Schöpf, eine geborene Hänlein, heiratete später den Regierungsdirektor Karl Heinrich Ritter von Lang. Für Ritter von Lang war dies nach zwei Witwerschaften die dritte Ehe. Auch sie endete schon 1803 mit dem Tod der Gemahlin. Ritter von Lang erbte das „Schöpf-Haus" von seiner Frau und schuf direkt gegenüber einen Eingang in den Hofgarten, indem er eigenmächtig die hohe Gartenmauer einlegen ließ. Später wohnte im Anwesen die Stiefmutter des Malers Anselm Feuerbach, Frau Henriette Feuerbach, geborene Heydenreich. Für sie wurde im Januar 1913 eine Ehrentafel am Gebäude angebracht. Ihre Grabstätte im Friedhof zu Heilig-Kreuz besteht noch (rechts neben dem Dekan-Lindner-Brunnen).

Schaitbergerstraße 20

Vier Männer sind mit der Reformation in Ansbach untrennbar verbunden: die Theologen Johann Rurer und Andreas Althammer, der oberste markgräfliche Sekretär Georg Vogler und Markgraf Georg der Fromme. Vogler machte auf dem Wormser Reichstag (1521) kein Hehl aus seiner Anhängerschaft zu dem Augustinermönch Dr. Martin Luther. Nach Ansbach zurückgekehrt, berichtet er von Luthers Auftreten in Worms. Der damals regierende Fürst Kasimir, ein Bruder Georgs des Frommen, hielt sich zwar zurück, gab aber dann den allgemeinen Strömungen nach, als er den Hofprediger Johann Rurer aus Bamberg zum Stadtpfarrer berief. Als Kasimir für längere Zeit außer Landes war, verhafteten die Konservativen Georg Vogler. Um seiner eigenen Verhaftung zu entgehen, verließ der für seine evangelische Gesinnung bekannte Johann Rurer im Februar 1527 die Stadt Ansbach und ging nach Schlesien. Nach dem Ableben von Fürst Kasimir rückte Markgraf Georg an seine Stelle. Er ließ Vogler aus der Haft entlassen und holte Rurer aus Schlesien zurück. Auf Luthers und Melanchthons Rat richtete Markgraf Georg in Ansbach eine Lateinschule ein, aus der später eine Hochschule werden sollte. Die Schule befand sich in den heute noch bestehenden Häusern Schaitbergerstraße 20 und dem links angrenzenden Haus Luisenstraße 2. Erster Rektor wurde Vinzenz Opsopöus. Die Universität Ansbach wurde auch von Studenten besucht, die außerhalb der Markgrafschaft ihr Zuhause hatten, und scheint Jahre hindurch in relativ hoher Blüte gestanden zu haben. Vermutlich aus Geldmangel ging Ansbachs Universität später wieder ein. Johann Rurer wirkte in Ansbach als Stiftsprediger bis zu seinem Tod im Jahre 1542.

Firmung in St. Ludwig 1911

Im Jahre 1911, dem Entstehungsjahr dieser Aufnahme, spendete der damalige Erzbischof von Bamberg, Dr. Friedrich Philipp von Abert (Bildmitte beim Emporsteigen der Treppe), die Firmung in der Ansbacher St. Ludwigskirche. Als das Bistum Bamberg einmal verwaist war, übernahm der Eichstätter Bischof die Firmung in Ansbach.

Die Innenaufnahme der St. Ludwigskirche zeigt noch das alte Kirchengestühl.

Dekan Ludwig Sebastian

Der Königlich Bayerische Hofphotograph Alfred Ortloff in Ansbach fertigte zum „Weißen Sonntag" am 19. April 1914 dieses Bild des Ansbacher Stadtpfarrers, Dekans und Königlichen Distrikts-schulinspektors Ludwig Sebastian. Schon am 7. August 1912 hatte er in Ansbach sein 25jähriges Priesterjubiläum gefeiert. Sebastian verließ Ansbach im Jahre 1914, sein Nachfolger wurde Georg Sponsel. Dekan Sebastian schrieb nach seinem Fortgang aus Ansbach seine Doktorarbeit über den Domkapitular und Geistlichen Rat Fürst Alexander von Hohenlohe-Schillingsfürst (1794–1849) und dessen Gebetsheilungen. Die Arbeit wurde 1918 gedruckt.
Damals war sogar die Seligsprechung des Fürsten wegen seiner Gebetsheilungen im Gespräch, der regierende Fürst Moritz von Hohenlohe-Schillingsfürst, hatte Sebastian deshalb für seine Arbeit auch die Schillingfürstsche Bibliothek geöffnet und persönliche Briefe seiner Verwandten zur Verfügung gestellt. Die Familie war darüber nicht sehr erbaut, da die Arbeit, wohl auch durch die Mithilfe des Bauern Martin Michel (1760–1824), bei den Gebetsheilungen, nicht wie gewünscht ausgefallen war.
Dr. Sebastian war später Bischof von Speyer. Bereits 1907 hatte er zum 100jährigen Bestehen der Stadtpfarrei St. Ludwig das Heftchen „Die katholische Stadtpfarrei St. Ludwig in Ansbach" verfaßt. Gedruckt wurde es bei C. Brügel & Sohn in Ansbach.

Gottlob Nusser, jahrzehntelang Dritter Leiter des Ansbacher Gaswerks, war Mitbegründer des Gabelsberger Stenographenvereins. Zu seinen Obliegenheiten hatte es gehört, dafür zu sorgen, daß jeweils am 24. Oktober und am 5. Dezember die von dem Ersten Leiter Emil Spreng gestifteten Kandelaber am Platendenkmal ordentlich ihre Flammen zum Denkmal emporzüngelten. Er starb im Ruhestand im Dezember 1911.
Die hier abgebildete Postkarte mit dem Bildnis Gabelsbergers wurde 1908 von Ansbach aus versandt. An der Ansbacher Oberrealschule, dem heutigen Platen-Gymnasium, lehrte Gymnasialprofessor Moritz schon vor dem Ersten Weltkrieg die Stenographie. Die Deutsche Stenographenschaft leitete in Ansbach in den dreißiger Jahren Friedrich Röthle. Vereinslokal war die Wirtschaft „Drei Könige“ in der Turnitzstraße. Am 22. Juni 1973 feierte der neugegründete Ansbacher Stenographenverein sein 25jähriges Jubiläum. Der Erste Vorsitzende, Karl Schroll, stellte damals fest, daß bisher 2 000 Mitglieder durch den Verein gegangen seien.

Dr. Hermann Schreibmüller

Von 1926 bis 1945 leitete Dr. h. c. Hermann Schreibmüller das Gymnasium Carolinum in Ansbach. Bei seinen Schülern trug er den Spitznamen „Skuppi". Neben seiner beruflichen Tätigkeit veröffentlichte er ca. 380 Abhandlungen und zahlreiche ausführliche Tagungsberichte und Rezensionen. Schreibmüllers besondere Eigenart war es, Sprach-, Staats- und Kulturgeschichte miteinander zu verbinden. Hermann Schreibmüller wurde am 6. September 1874 in Passau geboren. Seine Lehrtätigkeit begann er 1898 als Assistent am Schweinfurter Gymnasium. Nach seiner Versetzung nach Kaiserslautern im Jahre 1901 befaßte er sich mit der Geschichte der Pfalz. Für seine wissenschaftlichen Forschungsarbeiten verlieh ihm die philosophische Fakultät der Universität Heidelberg die Ehrendoktorwürde. Noch im hohen Alter betätigte er sich für die Wissenschaft. Lange Zeit war er in einer Person Erster Vorsitzender, Schriftführer und Kassier des Historischen Vereins für Mittelfranken. Dr. Schreibmüller starb am 8. Januar 1956 in Ansbach an den Folgen eines Verkehrsunfalles.

Dr. phil. Thomas Stettner

Nicht nur ein exzellenter Kenner der Heimatgeschichte sondern auch Schriftsteller und Botaniker war der im Dezember 1943 87jährig in Ansbach verstorbene Konrektor des Carolinums, Dr. phil. Thomas Stettner. Sein Großvater, Friedrich Stettner, arbeitete als Volksdichter unter dem Namen August Fröhlich in Nürnberg. Thomas Stettners Vater gab das zu seiner Zeit wohl bekannteste Kochbuch, das „Lindauer Kochbuch" heraus. Sohn Thomas wurde am 15. September 1856 in Lindau geboren und besuchte dort die Lateinschule. Später studierte er am Gymnasium St. Anna in Augsburg. Dort war Ludwig Ganghofer sein Zimmergenosse und Freund. Lebenslang verband ihn eine Freundschaft mit der bekannten Dichterin Ina Seidel. Nach seiner Heirat mit Luise von Holck im Jahre 1907 wurde er zwei Jahre später von München nach Ansbach versetzt. Er lehrte hier vierzehn Jahre lang bis zur Pensionierung. Für seine zweite Heimat Ansbach schuf er unter anderem folgende Bände: „Aufsätze und Plaudereien", „Aus Ansbachs und Frankens vergangenen Tagen", „Gefundenes und Erlauschtes".

Hauptmann Barnickel, alias Heinrich von Selbitz

Fast in Vergessenheit geraten ist auch der Königlich Bayerische Hauptmann a. D. Heinrich Barnickel, der noch vor dem Ersten Weltkrieg in Ansbach stadtbekannt war. Unter seinem Schriftstellernamen Heinrich von Selbitz erschienen acht Veröffentlichungen, meist heitere Soldatengeschichten aus der Zeit des Raupenhelms.
1895 erschien bei Hofbuchhändler Max Eichinger „Aus großer Zeit – Erinnerungen aus dem Feldzug 1870/71".
Der Verlag C. Brügel & Sohn druckte 1912 Barnickels Büchlein „Wanderfahrten" mit einer Zeichnung von Major von Nagel. Eine größere Lesergemeinde hatte er sich auch durch seine Beiträge in der Zeitschrift „Sammler" erworben. Gerne verkehrte Barnickel in der einstigen Weinwirtschaft Oppelt, Theresienstraße (jetzige Bischof-Meiser-Straße). Er starb in Ansbach im Jahre 1920.

Das 1898 erbaute und 1975 abgebrochene Ansbacher Krankenhaus an der Feuchtwanger Straße

Dr. Theodor Heumann
Direktor des Ansbacher Krankenhauses

Dr. Heumann wurde am 13. Dezember 1894 in Oberschönau im Landkreis Feuchtwangen geboren. Nach dem Besuch der Arberger Volksschule und des Humanistischen Gymnasiums in Eichstätt nahm er am Ersten Weltkrieg teil. Anschließend studierte er in Würzburg, München und Erlangen, wo er das medizinische Staatsexamen ablegte, Medizin. 1925 wurde Dr. Heumann, der Facharzt für Chirurgie sowie Gynäkologie und Geburtshilfe war, unter Chefarzt Dr. Lunckenbein an das Ansbacher Krankenhaus als Assistenzarzt berufen. Besonders im Zweiten Weltkrieg hat Dr. Heumann fast Unmögliches vollbracht. Neben dem Lazarett am Ansbacher Krankenhaus und dem Zivilkrankenhaus selbst unterstand ihm noch das Ausweichkrankenhaus Nürnberg in der Luitpoldschule mit 500 Betten. Als einzige medizinische Hilfe stand ihm damals eine Assistenzärztin zur Seite. Nach dem Krieg ging Dr. Heumann an den schrittweisen Wiederaufbau des Krankenhauses. 1953 wurde der heute noch vom Landratsamt genutzte Erweiterungsbau errichtet. Wegen seiner langjährigen Verdienste wurde Dr. Heumann 1956 zum Direktor ernannt. Ab 1957 war er Mitglied des Ärztlichen Berufsgerichtes. Theodor Heumann starb am 7. Juli 1963.

Links Willi Stempfle, rechts Ingenieur Georg Laucks

Das „Stempfle-Haus“

Noch vor 1903 entstand diese Aufnahme des früheren markgräflichen Gästehauses am Unteren Markt, wie die Ansbacher noch heute zum Johann-Sebastian-Bach-Platz sagen. Das Gebäude entstand als „Der Neue Bau“ unter Baumeister Gideon Bacher im ausgehenden 16. Jahrhundert. Ähnlich dem Kanzleigebäude (altes Landgericht) ist das Haus mit Sgraffito-Quadern gestaltet. In den letzten Jahren wurde das Gebäude, in dem sich zu Beginn unseres Jahrhunderts einige Jahre lang die Ansbacher Post befand, grundlegend restauriert. In Zusammenarbeit mit dem Landesamt für Denkmalpflege in München wurden davor durch einen Nürnberger Kirchenrestaurator bei Schürfproben neun Farbschichten zutage gebracht und die zweite, barockrot, als Kontrast zum hellen Grundton wieder als Mineralfarbe bei dem Neuanstrich verwendet.

Im Beringershof, Unterer Markt 5 (heute Johann-Sebastian-Bach-Platz 5)

Der Turm im Beringershof stammt aus dem 16. Jahrhundert. Er und das gleichaltrige Rückgebäude waren eine Zeitlang Rüst- und Harnischkammer. Später diente das Anwesen als „Heilsbronner Hof" dem Abt von Heilsbronn bei seinen Besuchen in Ansbach als Wohnung. Um 1770 entstand die Rokoko-Kartusche mit dem doppelten Familienwappen des damaligen Besitzers, des Markgräflichen Geheimen Regierungsrates und Hofkastners Johann Christoph Hirsch. Er war ein Freund des Ansbacher Dichters Uz und ein äußerst strebsamer Geschäftsmann, der sowohl in materieller als auch in geistiger Beziehung viel Förderliches ausführte. Im Wappen links ein Hirsch, rechts mehrere Halbmonde.

Steinplastiken im Beringershof

Um 1910 entstand diese Privataufnahme im Beringershof. Links im Bild erkennt man eine der Zwerggrotesken, die einst im Hof aufgestellt waren. Die letzte private Eigentümerin des Anwesens, Frau Rosine Beringer, verkaufte die Figuren. Unmittelbar hinter der Plastik steht Oskar Nieß, ein Großneffe von Frau Beringer. Dr. Nieß (1895–1976) war viele Jahre Verkehrsdirektor in Ansbach. Bekannt waren seine Stadtführungen an den Mittwochnachmittagen.
Im rechten Bildteil ist das Ehepaar Nieß zu sehen.

Rosine Beringer

Der Beringershof trägt seinen Namen nach dem früheren Besitzer, dem Zeugschmiedemeister Andreas Beringer und seiner Frau Rosine. Auf diesem – leider stark verblaßten – Foto von 1910 ist Rosine Beringer zusammen mit ihrer Großnichte Hedwig zu erkennen. Andreas Beringer hatte das Anwesen im Jahre 1834 erworben und vermachte es später der Kirchengemeinde St. Gumbertus zur unentgeltlichen Nutzung von Dienstwohnungen für den zweiten und dritten Pfarrer. Nach dem Tode seiner zweiten Frau Rosine kam das Anwesen im Jahre 1912 in den Besitz der Kirchengemeinde, die es umbaute und teilweise aufstockte.

Georg Kaufmann
(29. Dezember 1838 – 26. Oktober 1920)

Dürrnerstraße 11 (Haus „Kaufmann“)

Im vorigen Jahrhundert wurde die obere Sonnenstraße in Dürrnerstraße umbenannt. Sie erinnert an den im Hause Bischoffstraße 8 geborenen und 1859 in Edinburgh verstorbenen Ansbacher Stadtkantor und Musikdirektor Johannes Ruprecht Dürrner. Die Aufnahme mit dem Anwesen Dürrnerstraße 11 entstand um 1910. Bis zum Jahre 1913 bewohnte der Königl. Bahnmeister i. R. Georg Kaufmann mit seiner Familie das erste Obergeschoß und die Mansarde des Anwesens. Er hatte die Bahnmeisterei I bis zu seiner Pensionierung innegehabt und starb hochbetagt im Jahre 1920. Zusammen mit einer seiner drei Töchter ist er am rechten Fenster des 1. Obergeschosses zu erkennen.

Oberveterinärrat Friedrich Zinck
(1. November 1873 – 8. Juni 1949)

Das Haus „Zinck", Friedrichstraße 1

Im September 1914 konnte dieses Gebäude in der damals noch als König-Friedrich-Straße bezeichneten heutigen Friedrichstraße durch die Familie von Oberstleutnant Feldhäusser bezogen werden. Der Architekt des im späten Jugendstil erbauten Hauses war Carl Gumpert. Einige Räume wiesen ursprünglich Stuckarbeiten auf. Nach einem weiteren Besitzer erwarb Oberveterinärrat Friedrich Zinck, von Feuchtwangen kommend, das Haus mit dem großen Garten. Zur Zeit der Wohnungsnot waren verschiedene Personen einquartiert. Friedrich Zinck starb kurz nach seinem Sohn, der als Tierarzt in Triesdorf arbeitete, im Juni 1949. Danach lebten seine drei Töchter im Hause. Die jüngste Tochter, Grete Zinck (1908–1984) wirkte viele Jahre an der Luitpoldschule als Lehrerin. Ihre Schwester Auguste Zinck, Hauswirtschafts-Oberlehrerin, (1900–1986), verbrachte ihren Lebensabend hier im Elternhaus. Die letzte der Schwestern verkaufte das Anwesen.
Noch erhalten sind heute die Kassettentüren mit Messingbeschlägen und die tiefbraune abwaschbare Tapete aus der Erbauungszeit im Vorraum und Treppenaufgang. Im Erkerzimmer befindet sich ein Parkett-Tritt und ein hübscher dunkelgrüner Kachelofen. Das Zimmer links davon hatte Oberveterinärrat Zinck als Arbeitszimmer eingerichtet.

Hotel „Bayerischer Hof“

An der Ecke Karlstraße/Kaiser-Wilhelm Platz befand sich das gut bürgerliche Bahnhofshotel „Bayerischer Hof“. Bei den Bombenangriffen vom Februar 1945 wurde das Hotel völlig zerstört. Der „Bayerische Hof“ ist nicht mehr aufgebaut worden. Wo er stand, ist heute nach dem Abbruch von Nachkriegsbaracken ein freier Platz. Die Küche des Bahnhofshotels war weitbekannt. Alle Nachbarhäuser in Richtung Innenstadt waren zwar schwer beschädigt, aber sie stehen noch. Wie ja überhaupt der ganze Bahnhofsplatz samt Post und Bahnhof sowie die Bahnhofstraße östlich des „Bayerischen Hofes“ schwerste Zerstörungen erlitten haben.
Die hier gezeigte Postkarte entstand 1926 im Verlag Stempfle.

Die Anlage vor dem Postamt

Wir blicken hier aus dem Fenster des ersten Stockwerkes des 1902 erbauten und im Februar 1945 zerstörten Ansbacher Postamtes auf den Bahnhofsplatz. Im linken Bildhintergrund ist das zu gleicher Zeit zu zwei Dritteln zerstörte Mardefeldsche Palais mit dem erhöhten Mitteltrakt zu sehen. Gegenüber diesem Adelshaus erkennen wir in der Bildmitte das Eckhaus mit der Gaststätte „Bayerischer Hof". Die Bahnhofsanlage vorne war gärtnerisch gelungen gestaltet. Erst im Herbst 1944 wurde inmitten der Anlage ein breiter Splitterschutzgraben in die Erde gewühlt. Hier starben viele Bürger. Ganz vorne rechts auf dem Privatfoto ist ein Teil des eingewinterten Luitpoldbrunnens zu erkennen. Auch er wurde beim Angriff schwer beschädigt. Die hier gezeigte Aufnahme entstand um 1940.

Militäreffektenfabrik Bender

Am Bahnhofsplatz, dem früheren Kaiser-Wilhelm-Platz, entstand diese Privataufnahme des um 1875 erbauten Anwesens Nummer 9. Der Besitzer, Herr Bender, hatte im Rückgebäude eine kleine Fabrik für Militäreffekten, die schon vor dem Ersten Weltkrieg nach Weißenburg verlegt worden ist. Bender exportierte vor allem nach Rußland. Das Rückgebäude wurde später zu Wohnungen umgebaut. Als diese Aufnahme in den zwanziger Jahren entstand, gehörte das Anwesen Benders Witwe Christine. Diese vererbte das Haus ihrer Tochter, der späteren Hauptmannswitwe Auguste Meyer. 1945 wurde das Gebäude bei zwei Luftangriffen schwer beschädigt und behelfsmäßig durch ein Notdach abgedeckt. Einige Zeit später wurde es völlig abgebrochen. Die beiden weiteren Aufnahmen mit der Ruine sind im Jahre 1946 gefertigt worden.

Die Ruine des Abfertigungsgebäudes 1945

Noch im Ausgangsjahr des Zweiten Weltkrieges entstand 1945 diese Aufnahme mit der Ruine des Abfertigungsgebäudes am Ansbacher Güterbahnhof. Rechts daran schloß sich die Güterhalle an. Ursprünglich befand sich im Erdgeschoß des Abfertigungsgebäudes die Kasse. Später richtete man hier den Versand- und Empfangsschalter ein. Im ersten Stock „residierte" der Güterdienstleiter. Daneben bestand hier der Wagen- und Ermittlungsdienst und während der dreißiger und beginnenden vierziger Jahre (bis zur Bombardierung im Februar 1945) die Kasse. In der zweiten Etage befand sich eine Dienstwohnung.

Die Ruine des Ansbacher Bahnhofes 1945

Die hier noch teilweise stehende Bausubstanz des Bahnhofsgebäudes ist die Westseite des Gebäudes zum Eisenbahnsteg hin. Die Menschen im Luftschutzkeller des Bahnhofes – darunter ein Feuerlöschtrupp – überlebten. Der damalige Reichsbahndirektor Waldmann kam mit zahlreichen Personen außerhalb des Luftschutzkellers ums Leben.

Der Ansbacher Notbahnhof

Wir sehen hier den Ansbacher Notbahnhof, aufgenommen einige Jahre nach Kriegsende. Nach der Zerstörung des Ansbacher Bahnhofes am 22./23. Februar 1945 hatte man die Notbehelfsbaracken errichtet. Zwischen der Bahnhofswirtschaft, einem Barackenraum und der Bahnsteigsperre mit der Fahrkartenausgabe befand sich der Durchgang von und zu den Gleisen. In einer der Notbaracken waren die „sanitären Einrichtungen" untergebracht. Hier standen in zwei Reihen – ohne Trennwand – zehn Kloschüsseln.

Im Notbahnhof waren auch einige Büros untergebracht. In einem arbeitete der Ansbacher Bahnhofsvorstand der Nachkriegszeit: Martin Kronacker. Im zweiten Raum befand sich der Personalbeamte und im dritten die Bahnhofskasse. Diese war nach der Zerstörung des alten Bahnhofes zuerst kurz in einem Raum des Hindenburgheimes in der Turnitzstraße, danach schräg gegenüber im „Brandenburger Hof", und vor dem Umzug in die Notbaracke in der Gewerbebank untergebracht.

Eyb

Kaum mehr wiederzuerkennen sind diese Bilder aus den dreißiger Jahren im Vergleich zur heutigen Ansicht. Das Fachwerkhaus im Hintergrund, ein Stiftisches Gut gehörte einige Zeit dem Wagnermeister Reichert. Es trug die Hausnummer 4, später die Bezeichnung Ansbacher Straße 6. Markant war der Ziehbrunnen vor dem Gebäude. Um 1960 fiel das Haus mit der Wagnerwerkstatt der Spitzhacke zum Opfer. Hier steht heute das Eyber Gemeindehaus.

Pfaffengreuth

Der Spaziergang führt uns nun in den Ortsteil Pfaffengreuth. Um 1700 erbaute Hofbaumeister Gabrieli dieses Haus mit dem hohen Obergeschoß für Oberst Jahnus. Die Westfassade lehnt sich sehr deutlich an die Bauweise des Markgrafenschlosses in Ansbach an. Justizrat Dr. Adolf Bayer schreibt in seinem Buch: „Die Ansbacher Hofbaumeister“, daß dieses Haus bei älteren Pfaffengreuther Bürgern noch zur Mitte unseres Jahrhunderts als „Scheckenhaus“ bekannt war. Dieser Name bezieht sich darauf, daß der Markgräfliche Justizrat Jakob Scheck dieses Gebäude 1744 erworben hatte, nachdem er 1741 dem vorletzten Markgrafen Karl die Herrschaft Sayn-Altenkirchen im Rheinland hatte erstreiten können. Für das Portal gibt es in unserer Stadt Parallelen.

Brodswinden

1240 wird Brodswinden zum ersten Mal in einer Urkunde erwähnt. Schon damals stand auf dem Wendelsbuck eine Kapelle. Dort sprudelte auch eine Quelle, die Krätze und Gicht geheilt haben soll. Jedenfalls waren die Altvorderen so davon überzeugt, daß sie ein vierstöckiges Badehaus mit vielen Kammern errichtet haben. 1534 wird Brodswinden evangelisch und um 1650 wandern viele österreichische Protestanten in der Gegend ein. 1802 herrschte eine große Hungersnot. Die Bauern rissen das Stroh von den Dächern, um Futter für ihre Tiere zu bekommen. Die Aufnahmen auf der Postkarte entstanden kurz vor dem Ersten Weltkrieg.

Egloffswinden

Der Name Egloffswinden stammt vermutlich – ebenso wie die Ortsnamen Bernhards-, Brods-, Dauten-, Meinhards-, Ratzen- und Wolfartswinden von den Wenden, also von Slawen. Genau wie in den genannten Orten dürften in Egloffswinden im zehnten Jahrhundert wendische Kriegsgefangene angesiedelt worden sein. Die Wenden waren recht begabte Leute. Sie verstanden sich auf Ackerbau, Bienenzucht, Gemüseanbau und Weberei. Die hier gezeigte Aufnahme mit der Gastwirtschaft Arnold in Egloffswinden entstand bereits vor dem Jahr 1906.

Die Rangau-Klinik

Das Rangau-Sanatorium wurde zur Zeit des Ersten Weltkrieges 1915/16 erbaut. Erst vor wenigen Jahren wurde der Mittelbau der Heilstätte wegen mangelnder Isolierung im Untergeschoß und mangelnden Wohnkomfort im Obergeschoß – im Sommer wurde es in den Mansardenzimmern recht warm – abgetragen und an seiner Stelle ein Neubau erstellt. Die heimtückische Krankheit Tuberkulose, der im vergangenen Jahrhundert rund 200 000 Menschen innerhalb eines einzigen Jahres zum Opfer gefallen sind, hat heute ihren Schrecken größtenteils verloren. Als Folgeerscheinung schlossen in den letzten Jahrzehnten unseres Jahrhunderts immer mehr Lungenheilstätten ihre Pforten.

Lehrberg

In behaglicher Breite liegen die älteren Eichstätter Höfe und die jüngeren Birkenfelser Anwesen an der fast 1 000 m langen Lehrberger Hauptstraße. Zwei Wahrzeichen besitzt der Marktflecken. Die Bergkapelle „Kappl", von der heute nur noch die Turmruine steht, die von der Berghöhe weit ins Tal schaut, und die St. Margarethenkirche im Ort. Sie wurde bereits im Jahr 1059 von Bischof Gundekar II. aus Eichstätt geweiht. Das Gotteshaus wurde von 1729 bis 1731 neu gebaut. 1785 erhielt die neue Kirche über dem hohen Turmuntergeschoß, nach den Plänen des Markgräflichen Hofbaumeisters Johann David Steingruber, zwei Obergeschosse und darüber die glockenförmig barocke Haube. Die Kirche auf dem „Kirchenbuck" mitten im Ort wurde in Kriegszeiten, besonders im Dreißigjährigen Krieg, oftmals die letzte rettende Zuflucht der Lehrberger Bevölkerung.

Schloß Colmberg und die FAUN-Werke

Die romantische Burg Colmberg im Bildhintergrund stammt aus dem 12. Jahrhundert. Ihr Name erscheint in alten Urkunden als „Kolbenberg“. Die Burg gehörte ursprünglich den Grafen Hohenlohe. Von diesen kam sie durch Kauf an die Herren von Truhendingen. Als Anfang des 14. Jahrhunderts die Hohenzollerischen Burggrafen von Nürnberg darangingen, sich eine Hausmacht zu gründen, brachte Burggraf Friedrich VI. im Jahre 1318 die Burg und Herrschaft zu Colmberg mit der Stadt Leutershausen durch Kauf an das Hohenzollersche Haus.
Aus Platzgründen müssen wir nun einen großen zeitlichen Sprung machen. Im Dezember 1895 ging das Schloßgut Colmberg aus dem Besitz des Legationsrates von Siebold in das Eigentum der Familie Klingebeil über. Frau Käthe Klingebeil-Glüber bewohnte das Schloß mehrere Jahrzehnte lang und ist in Ansbach als Fabrikantin hervorgetreten. Sie war Mitbegründerin der Fahrzeugfabrik GmbH, die ab dem 7. Juni 1906 mit der Serienfertigung von Kraftdroschken, Omnibussen und Lastwagen begann.
In der um 1905 gefertigten Aufnahme ist sie mit ihrem Sohn Walter in einem Polymobil 1,5-Liter-Einzylinder, ca. 1600 ccm, im ersten Wagen zu sehen. Der Wagen hatte Kettenantrieb und Hebellenkung. Im zweiten Wagen, einem Vier-Liter-Vierzylinder, sitzen der spätere Direktor Moritz Schmidt und Paul Klingebeil.

Schalkhausen

Der Ort Schalkhausen (Häuser der Knechte) wird erstmals 1144 urkundlich erwähnt. Er scheint jedoch schon etliche Zeit vorher bestanden zu haben. Das Adelsgeschlecht hatte damals im Hetzelsgarten seine Burg stehen. Die Aufwallung und der Wallgraben sind noch zu erkennen. Später bauten sich die Schalkhäuser Herren auf dem Kappelbuck in Dornberg eine weitere Burg und nannten sich nunmehr Herren von Dornberg. Unter den Staufervögten, die Mitte des 12. Jahrhunderts über Stift und Vogtei Ansbach geboten, erlangten die Dornberger erbliche Untervogtsrechte. Mit Unterstützung des Bischofs von Würzburg, der die Lehenshoheit über unser Gebiet ausübte, brachte es das Dornberger Geschlecht bald fertig, zur alleinigen Vogtei aufzusteigen. So gehörten ihnen neben den Burgen in Schalkhausen und Dornberg auch weitere in Neuses, Ansbach, Vestenberg und Lichtenau. Dank der Herren von Dornberg kam es zur Weiterentwicklung des Ortes Schalkhausen. Seit 1970 führt Schalkhausen im Siegel das Stammwappen der Schalkhauser-Dornberger.

Scheermüller und Schalkhäuser Bürgermeister Adam Wenk. Im Hintergrund die 1697 erbaute Scheermühle.

Das „Gasthaus Mader“ in Steinersdorf

Der Ansbacher Fotograf D. F. Lübeck fertigte diese Aufnahme des Gasthauses von Michael Mader in Steinersdorf um die Jahrhundertwende. Im Jahre 1904 wurde die Ansichtskarte mit diesem Motiv bereits versandt. Bekannt waren noch in den sechziger Jahren die „Ganspartien“ im „Gasthaus Mader“. Nach dem Tod des letzten Gastwirts verkaufte die Witwe das Anwesen und zog zu ihrer Tochter, die in eine Neuendettelsauer Gaststätte eingeheiratet hatte. Das Haus mit dem Fachwerkgiebel wurde vom neuen Besitzer abgebrochen und in abgeänderter Form neu aufgebaut. Auf der Postkarte ist der Name Mader (mit Doppel-a) falsch gedruckt.

Dreschmaschine in Steinersdorf

An die 15 Leute waren es zumeist, heute würde man sagen „ein Team“, das Hand in Hand arbeitete, um die Getreideernte unter Dach und Fach zu bringen. Diese Aufnahme entstand 1922 auf dem Bauernhof von Andreas Nölp, Steinersdorf 12. Links im Bild ist der inzwischen verstorbene erste Maschinenführer Fritz Steinbauer zu erkennen. Die Dreschmaschine war von der damaligen Firma Epple und Buxbaum in Augsburg. Sie hatte einen Dieselmotor und war noch bis zum Kriegsjahr 1940 im Einsatz. Die Zahl der Leute war von einem sogenannten Selbsteinleger abhängig. Auf unserem Foto fungierte Konrad Herrmann (dritter von links) als Einleger. Die Körnerfrucht verließ vorne, also in Richtung der Antriebsmaschine, den Dreschkasten, wo sie in Säcke abgefüllt wurde. Hinten kam das ausgedroschene Stroh heraus. Im Bild sind weiter folgende Personen zu sehen: Babette Hecht, Eva Nölp, Lina Hauf und Babette Hammerbacher aus Elpersdorf, rechts, mit dem hohen Strohschied, erkennen wir Leonhard Ganzer, davor mit der Arbeitsschürze Bauer Reindler aus Schalkhausen.

Georg Vogel um 1920

Wohnhaus „Vogel“ um 1920

Das Haus „Vogel“ in Grüb

Um das Jahr 1960 wurde das alte Wohnhaus des Landwirts Georg Vogel in Grüb abgebrochen. An gleicher Stelle entstand kurz danach ein neues Wohngebäude. Noch im selben Jahr verunglückte der 25jährige einzige Sohn des Ehepaares, Hans Vogel, tödlich bei einem Verkehrsunfall. Georg Vogel, langjähriges Mitglied im Gesangverein, starb hochbetagt im Jahre 1984.

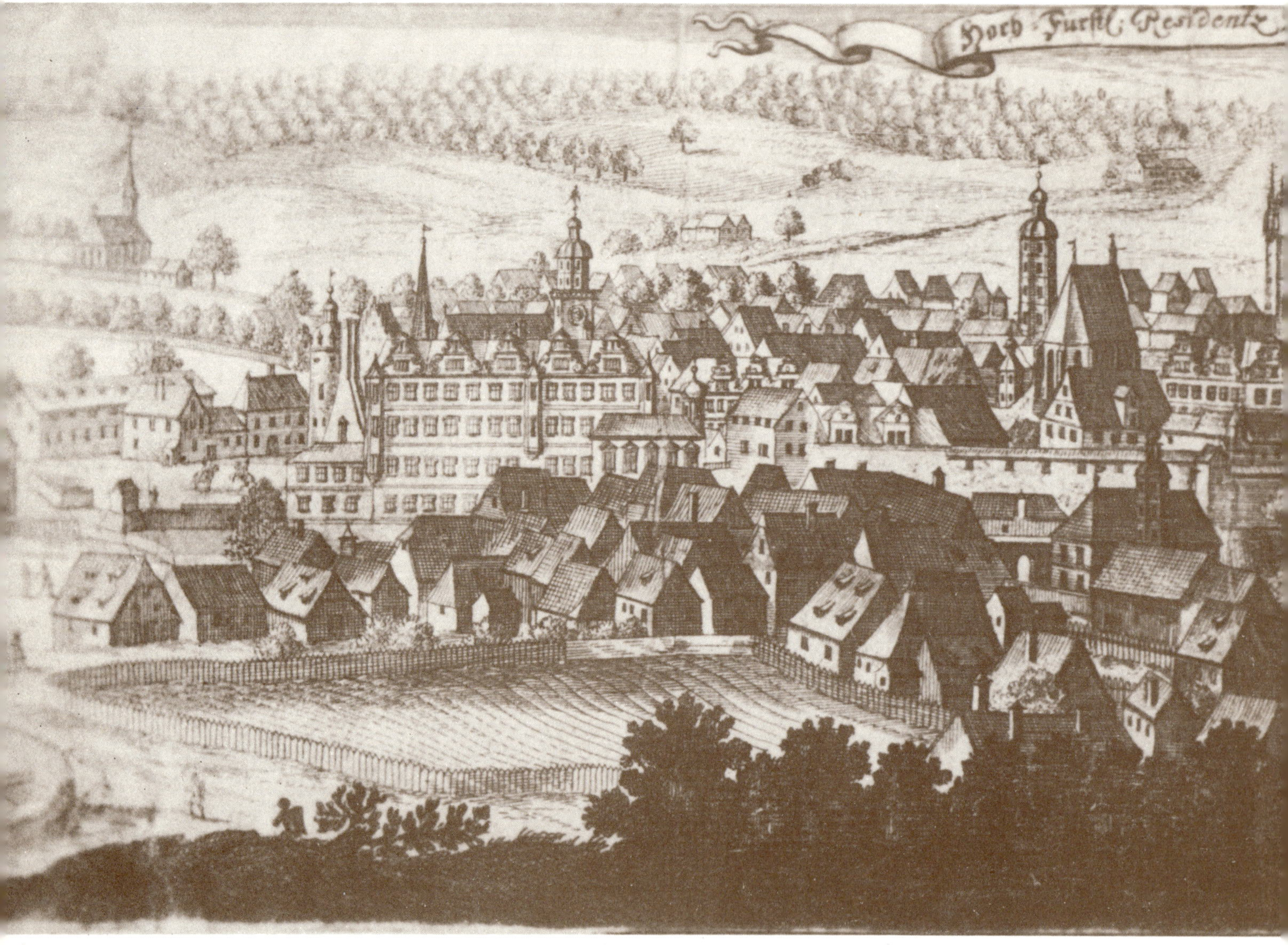
Hoch Furstl: Residentz